Futsal Tactics Training Design

フットサル戦術
トレーニングデザイン

Fリーグ優勝チームが実践する勝利のメソッド

誠文堂新光社

全てのトレーニングは

試合につながっている——

Training design

「トレーニングデザイン」とは何ですか？

「優勝したい」「試合に勝ちたい」「こんなフットサルがしたい」。そういった目標から逆算して、全てのトレーニングを組み立てていく手法のことです。トレーニングで行っているメニューが目標を達成することに直結するため、短い時間でも高い効果を得られます。本格派チームから初心者チームまで、どんなカテゴリーやレベルでも導入できます。

木暮賢一郎
トレーニングデザインについて

どうやって取り組めばよいですか？

まずは「トレーニングデザイン」がどんなものかを学びましょう。Chapter1「トレーニングデザインの考え方」(P17～)では、効率的・効果的なトレーニングを組み立てるために必要なことを7つのプロセスに分けて紹介しています。「何のためにトレーニングするのか」を理解することが大切です。

フットサルの知識がなくても大丈夫ですか？

はい、大丈夫です。フットサルにあまり詳しくないという方はChapter2「フットサルの基本戦術」(P47～)を読むことをオススメします。システムや動き方からセットプレーやパワープレーまで、フットサルをプレーする上で覚えていただきたい基本的な戦術がまとまっています。

明日の練習から
すぐに導入できますか？

この本のCapter3「トレーニングプランの組み立て方」(P85～)では、木暮賢一郎監督が目的に合わせて組み立てた具体的なトレーニングプランが10パターン載っています。人数・サイズ・時間・ルールなど詳しく載っているので、そのままチームに取り入れることが可能です！

フットサル用語集

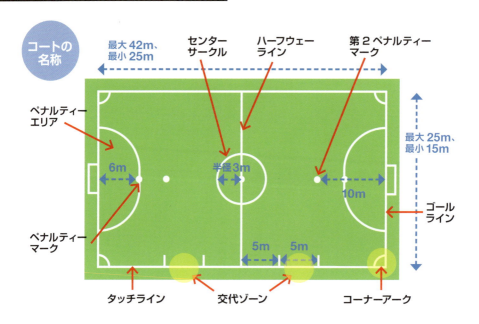

アイソレーション	1対1で相手を上回れる選手を、意図的に孤立させて仕掛けやすい状況をつくる戦術のこと。
エントレリネアス	相手ディフェンスの間のスペースに入る動き。マークにつかまらずにパスを受けて優位な状況を作ろうとする。
カバーリング	味方の選手が抜かれた時や、抜かれそうになっている時に、後方の選手がフォローに行く動きのこと。
キックイン	ボールがタッチラインを割った後のリスタート方法。高い位置でのキックインは得点のチャンスになる。
クワトロ	4人のFPが並んだ、あるいはおわん型になって、パスを回しながら裏のスペースを狙うこと。
コーナーキック	守備側の選手に当たってボールがゴールラインを割った後のリスタート方法。
ゴールクリアランス	攻撃側が蹴ったボールがゴールラインを割った後のリスタート方法。
サポート	ボールを持っている選手に対して、味方の選手がパスをもらえる場所にポジションをとること。
ジアゴナール	ポルトガル語で「斜め」という意味。フィールドの対角線上に移動してパスを引き出す動き。
ジョガーダ	いわゆるサインプレーのことで、一連の動きやパス出しを型として再現させること。

スイッチ	ボールを持った選手と、ボールを持っていない選手がクロスした瞬間にパス交換をすること。
ゾーンディフェンス	FP それぞれが担当エリアを決めて、マークを受け渡していく守り方。
タイムアウト	前後半それぞれ 1 回ずつとれる作戦タイム。プレーが切れた時に、マイボール側がとれる。
ニアポスト	ボールがあるサイドに近いほうのゴールポスト付近のエリア。
偽ピヴォ	最前線に構えるのではなく、ピッチを動き回って攻撃の起点となるピヴォのこと。
パドロン	パスをもらう動きやマークを引きつける動きなどをチームで連動して行うこと。
パラレラ	ポルトガル語で「平行」という意味。サイドラインと平行に出されたパスに走り込む攻撃パターン。
パワープレー	ゴレイロの選手を前線に上げて、あるいは FP がゴレイロになって数的優位の状態で攻める戦術。
ピヴォ当て	前線で相手を背負ったピヴォにパスを出して、攻撃の起点を作って仕掛けるプレー。
ファーポスト	ボールのあるサイドから遠くにあるゴールポスト付近のエリア。同義語：セカンドポスト。
ファー詰め	味方からのパスや、シュートに対して、ファーポストに詰めて、ゴールを狙うプレー。
フリーキック	ファウルを受けた側のボールで再開するリスタート。フットサルではサインプレーを行うことが多い。
プレス	相手チームがボールを持っている時に、自由にプレーできないように奪いに行くこと。
プレス回避	相手のプレスに対して、パスを回す、前線へのパスなどでかわし、相手陣内にボールを運ぶこと。
ブロック	ボールを持っていない選手が、ボールを持っている選手をマークする相手の前に立ってフリーにすること。
ブロック＆コンテニュー	ブロックをしていた選手が、ブロックをやめて動き直してボールをもらおうとする動き。
マンツーマンディフェンス	特定のマークを決めて、その選手についていくという守り方。
トランジション	攻撃から守備、守備から攻撃へ切り替わる瞬間のこと。数的有利・不利の局面が生まれやすい。
ロンド	フットサルの練習方法の一つ。攻撃側と守備側に分かれてボールを回す。
ローテーション	味方同士がポジションチェンジを行いながら、ボールをキープすること。

本書の使い方

トレーニングの目的
トレーニングメニューの目的を表しています。

トレーニングの名前
トレーニングメニューの呼び方です。

🕐 **時間**
トレーニングを行う目安となる時間です。

👥 **人数**
トレーニングに必要な選手の人数です。

📏 **サイズ**
トレーニングを行うスペース、ピッチサイズです。

🏃 **強度**
トレーニングで選手にかかる負荷の目安です。

図解イラスト
トレーニングメニューの進め方をイラストで解説しています。

← ボールの動き
←--- 人の動き
↰ ドリブル
▲ マーカー

トレーニングの種類
どんな種類のトレーニングかを表しています。

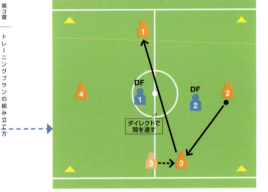

Coaching Point
→ 選手に目的を伝える

「鳥かご」とも呼ばれるロンドは、ウォーミングアップに最適なメニューです。ただ、ロンドは遊びっぽい雰囲気になりがちなので、指導者は、「何のためにやるのか?」を選手にしっかり伝えてあげることが重要です。

目的意識があれば、選手たちのトレーニングへの姿勢は全く違ったものになります。「今日は引いている相手を崩すことをテーマにする。じゃあ、どんなプレーを狙う?」と問いかけてもよいかもしれません。

コーチングポイント
トレーニングでどんな現象を出したいのか、コーチングのポイント、指導者の心構えなどを解説しています。

実際の動きを見てみよう

1

ディフェンスはボールを持っている選手にアプローチする

連続写真
トレーニングを実際に行っている様子です。

2

ボールを持っていない選手はパスを受けやすい場所に動く

3

ディフェンスの間を狙ってダイレクトでパスを通す

トレーニングのルール
トレーニングを進める上での基本的なルール設定です。

アレンジ
トレーニングに変化をつけるためのアレンジ方法です。

限られた戦力・時間・場所で最大限のパフォーマンスを引き出す
フットサル戦術 トレーニングデザイン
～Ｆリーグ優勝チームが実践する勝利のメソッド～

Contents

 ## トレーニングデザインの考え方

1. クラブの目標を設定する …… 018

2. トレーニングのサイクルを考える …… 024

3. トレーニングの計画を立てる …… 026

4. トレーニングの内容を構築する …… 030

5. トレーニングの種類を増やす …… 036

6. トレーニングに必要なハード面 …… 042

7. トレーニングに必要なソフト面 …… 044

Chapter 2 フットサルの基本戦術

ポジションの役割 …… 048
ピヴォ／アラ
フィクソ／ゴレイロ

オフェンスシステム …… 052
3-1 ／ 4-0
2-2 ／ 2-1-1

2人組の関係 …… 056
パラレラ／ワンツー
ジアゴナール

プレスのライン …… 060

ディフェンスのタイプ …… 062
マンツーマン／ゾーン
ミックス

プレス回避 …… 066
ピヴォへのロングボール
サインプレー／エントレリネアス

定位置攻撃 …… 070
ピヴォ戦術／アイソレーション戦術
サインプレー戦術

トランジション …… 074

セットプレー …… 076
キックイン／コーナーキック
フリーキック／ゴールクリアランス

パワープレー …… 080
1-2-2 ／ 2-1-2
ピラミッド／オーバーチャージ

トレーニングプランの組み立て方

❶ プレス回避 (3-1)
- ロンド・バレー …… 088
- 3-1（アナリティック）① …… 092
- 3-1（アナリティック）② …… 094
- 4対4+2ピヴォ …… 096
- 4対4条件付き …… 100

❷ プレス回避 (4-0)
- ロンド・バレー …… 104
- 4-0（アナリティック）① …… 108
- 4-0（アナリティック）② …… 110
- 4対4条件付き① …… 112
- 4対4条件付き② …… 116

❸ 定位置攻撃
- ロンド（4対2）…… 122
- ピヴォ当て（アナリティック）…… 124
- 2対2+ピヴォ …… 126
- 4対4（2球）…… 130

❹ 数的不均衡
- 2対1（3エリア）…… 136
- 2対1（2ゴール）…… 138
- 2対1+1 …… 142
- 3対2+1 …… 146
- 4対4（2対1+3対2）…… 150

❺ トランジション
- ロンド・トランジション …… 156
- 2対2トランジション …… 158
- 3対3トランジション …… 162
- 4対4トランジション …… 166

❻ ポゼッション

4対4＋2フリーマン …… 172
ロンド・センターサークル …… 176
5対5条件付き …… 180
4対4条件付き …… 182

❼ セットプレー

セットプレー（アナリティック）…… 188
セットプレー＋トランジション …… 190
セットプレー（2球）…… 192
4対4条件付き …… 194

❽ パワープレー

スクエアパス→3対1…… 198
パワープレー（アナリティック）…… 202
5対3＋2 …… 204
4対4条件付き …… 208

❾ 特別な状況 （GKがいない）

ポゼッション・ビンゴ …… 212
ロンド・鬼ごっこ …… 214
3対3ライン突破 …… 216

❿ 特別な状況 （狭いコート）

ロンド・PA内 …… 220
1対1→フィニッシュ …… 222
4つ角パス＆シュート …… 224
4対2エスカレーター …… 226

Contents

はじめに …… 002
フットサル用語集 …… 008
本書の使い方 …… 010

木暮賢一郎 Q&A …… 228

- 最初に決めた時間配分は守ったほうがいい？
- どんなタイミングで練習を止めますか？
- ルール設定やプレー制限をつけるタイミングは？
- 週に1回しか練習できません
- トレーニングのテンポが上がりません
- オリジナルのメニューが思い浮かびません
- 良い選手じゃなくても良い指導者になれますか？

コラム

世界のフットサル戦術 …… 046, 084

おわりに …… 236

chapter 1

トレーニングデザインの考え方

クラブの目標を設定する

トレーニングのサイクルを考える

トレーニングの計画を立てる

トレーニングの内容を構築する

トレーニングの種類を増やす

トレーニングに必要なハード面

トレーニングに必要なソフト面

クラブの目標を設定する

FUTSAL
TACTICS

TRAINING
DESIGN

1

トレーニングメニューを組み立てる上で、
真っ先に行うべきなのが、クラブとしての「目標」を決めること。
目標がしっかり決まっていれば、そこから逆算して
何をすべきなのかが見えてくる。

第1章　トレーニングデザインの考え方

　トレーニングメニューを考える前に、まずはクラブの目標を決めなければいけない。Fリーグのチームであれば、優勝したい、プレーオフに行きたいといったものだ。東京都リーグであれば、1部に昇格したい、2部に落ちたくない、楽しくフットサルをしたいなど、それぞれのクラブの目標がある。目標が決まっていない場合は、先に何を目標にするのかを考えよう。それをせずに、漠然とトレーニングを行っても、良い結果を得ることは難しい。

　ただし、目標設定は戦力や環境に合った適切なものでなくてはならない。例えば、自分の率いているチームが週1回しかトレーニングできなくて、人数も少ない、しかも30代以上の選手が中心で構成されているとする。

　そのチームで、40分間プレスをかけるフットサルを行うという目標を掲げて

も本当に達成できるのかを考えなければいけない。40分間プレスをかけるようなチームにするためには、しっかりとしたフィジカルが必要だし、それを行うための選手が必要になる。

　そうした戦力や環境を考慮せず、「こういうフットサルがしたい」あるいは「優勝したい」と掲げたとしても、実現は難しくなる。全てのスタート地点である目標の見極めを間違えてしまうと、効率的なトレーニングを行うことはできない。

　例えば、私が2014年にシュライカー大阪の監督に就任した時には「Fリーグで優勝する」という目標を設定した。Fリーグでは名古屋オーシャンズという完全プロチームが、ずっと優勝し続けている状態だったので、そうした歴史を変えようと考えていた。

　ただし、1年目から「優勝」を目指していたわけではない。監督を引き受けた

のが新シーズンに入る直前だったので、選手の人選やビジョンなどは万全とはいえなかった。クラブからは「優勝を目指してほしい」「育成をしてほしい」といった依頼があったものの、目的を達成するためには準備が必要になる。しかし、1年目はその時間がなかったので、自分にできることは限られていた。

そうした中で、最適なアプローチは何なのか。Fリーグで優勝するには、「リーグ1位でプレーオフファイナルに行く」ことと「プレーオフ圏内に入って勝ち上がる」ことの2つの手段しかない。つまり、まずは最低限プレーオフ圏内である5位以内に入る必要があった。自分の中では「5位以内」というのを目標に設定して、ベテラン選手の見極めと、若い選手にきちんとチャンスを与えながら、そこを目指すところからスタートしていった。

実際に、そのシーズンは5位でプレーオフに滑り込んで、上位チームに勝利して名古屋とのファイナルラウンドに勝ち上がった。最終的に優勝することはでき

❶ CHECK POINT

クラブの目標の設定例

・優勝を目指す

・若い選手を育成する

・残留を目指す

優勝を狙える実力があるのか、選手の年齢層は高いのか低いのか、練習回数はどうかなど、自分のクラブを客観的に分析する。

❷ CHECK POINT

監 督 の タ イ プ 例

1 選手が誰かよりも、
まずは自分のスタイルを貫くタイプ

2 自分のスタイルはありつつも、
選手やクラブ環境に応じて柔軟にやるタイプ

3 若い選手を起用する育成スタイルで、
自分のやりたいことを浸透させていくタイプ

監督にはそれぞれのスタイルや哲学がある。どれが正解というわけではなく、チームの目標とマッチしていることが重要である。

なかったものの、1年目としては十分な結果を得られたと思っている。

自分たちの置かれた環境、選手のタレント、リーグ内でのバランスなどを考たうえで目標を立てる。もちろん、目標はその時にあったものに変えていく必要がある。よくあるのは、1年目が良かったから2年目はもっと上を目指さなければいけないと考えること。もちろん、上を目指すことは重要だが、上を目指すことだけが正しい目標設定ではない。

例えば、主力選手が何人か移籍してしまって、同等レベルの選手を補強できなかったのであれば、戦力的にはダウンする。そこで監督が考えなければいけない

のは、自分たちの戦力や、他のチームとのパワーバランスを考えて、目標設定を修正すること。ここで監督が1年目を上回る結果を出すことに必要以上にこだわったり、自分のチームの戦力に見合わない目標を掲げたりすると、現実とのギャップに苦しむことになる。

目標を作ることに関していうと、大きな影響を持つのが監督のスタイルである。そこには大きく分けて3つのスタイルがあると考える。❷

一つ目が、クラブの目標がどうであっても、自分のスタイルがあって、それを全うするタイプ。パスをしっかりつなぐ、プレスをかけるというスタイルがあ

クラブの目標を設定する

FUTSAL TACTICS TRAINING DESIGN 1

れば、どのチーム、どの選手でもそれを要求する。

二つ目が、自分のスタイルはあったとしても、チームにいる選手の質や、クラブが置かれた状況、クラブの目標の中で柔軟にスタイルを変えるタイプ。

三つ目は、若い選手を積極的に起用するタイプ。若い選手のメリットは吸収が早く、監督のいうことを素直に受け入れてくれること。スペインなどにも自分がチームを任されたら、18〜19歳の若い選手を好んで起用する監督がいる。

自分はどういうタイプなのか、どういうスタイルが合っているのか。そうしたことも客観的に踏まえながら、クラブの目標・チームコンセプトというものを考えた上で、実際にどんなトレーニングをしていくべきなのかを考えていく。

システムがどうとか、戦術がどうとかを考える前に、まずは目標というクラブにとっての「軸」を定める。実際に、シュライカー大阪でやっているフットサルの

❸ CHECK POINT

クラブの目標から逆算する

クラブの目標 → チームコンセプト → トレーニングメニュー

どんなトレーニングをしたいかが先にくるのではなく、クラブの目標をしっかり設定し、そこから逆算してトレーニングを考える。

システムや戦術というものは、毎シーズン変わっている。プレッシングのスタートラインや、マークのつき方、ボールを持った時のパスの回し方、フィニッシュまでのパターン、選手の起用の仕方など、同じようにはならない。なぜなら、目標を達成するために最適だと思われることは常に変わっていくからだ。

最初に立てた「目標」を達成するためには「勝利」が必要になる。そのための方法論にこだわりはない。所属する選手や、その時々の順位など、状況は刻一刻と変わっていく。この時、自分のスタイルに固執してしまうと、目標の達成からは遠ざかってしまう。

どんなにシステムが変わろうが、戦術が変わろうが、目標に対するアプローチだけはブレないようにする。そうすると、選手たちもシーズン中に戦術が大きく変わったとしても、「このトレーニングは目標につながっている」と前向きに取り組むことができる。

もちろん、監督によっては自分のスタイルを貫き通すことを優先するタイプもいる。そうした監督は、どんなに結果が出なくても、自分のスタイルをブレないようにする。ただ、結果がついてこなければ選手の求心力が下がってしまうというリスクがある。

シュライカー大阪でいえば「5位以内に入る」という目標を立てた1年目は、準備の難しさもあって、なかなか勝ち点を積み上げることができず、プレーオフ圏内に入れるかどうか微妙なラインだった。大きな課題となっていたのが、ボールを安定して保持できなかったことだ。フットサル経験の少ない、若い選手が多かったので、動き方を浸透させるための十分な時間をとることができなかったのだ。

そこでシーズン途中に、足元の技術が高かったGKの選手を、通常時でも高い位置をとってパワープレーのように数的有利な状態を作ってゲームをコントロー

クラブの目標を設定する

FUTSAL TACTICS

TRAINING DESIGN

1

ルするという戦術を採用した。

この戦い方には賛否両論があったが、選手たちには「プレーオフに行くという目標を達成するために、こういう戦術を行う」ということを説明した上で行ったものだった。結果的に、パワープレー戦術を始めるようになってから勝ち点を伸ばしていき、一つ目の目標を達成することができて、Fリーグのファイナリストになった。

フットサルだけでなく、仕事でも、勉強でも、どんなことにも当てはまることだが、「目標」を立てることによって、具体的なアプローチが見えてくる。それをせずに、「こういうトレーニングをしてみたい」とか、「こういう戦術をやってみたい」と思って、それを取り入れたとしても効果は薄い。どこに向かっていくかを監督自身がしっかり把握して、選手たちにそれを伝えて、1日1日のトレーニングに落とし込んでいく——。全ては、そこから始まる。

❹ CHECK POINT

良 く な い 例

・具体的な目標を決めていない

・練習メニューに一貫性がない

・チームの状況に合っていない

目標がぼんやりしていたり、一貫性がなかったり、チームの状況に合っていなかったりすると、トレーニングの効果は薄れてしまう。

23

FUTSAL TACTICS

TRAINING DESIGN

2

トレーニングの
サイクルを考える

クラブとしての目標を設定したら、そこに向かっていくために何を
するべきかを考えていく。とりわけ、ピークをどこに持っていくかは
トレーニングを組み立てる上で重要なファクターになる。

第1章｜トレーニングデザインの考え方

トレーニングを組み立てる上で考えなければいけないのが、どこにピークを持っていくのかということである。

例えば、10チームによる1回戦総当たりというレギュレーションのリーグに参加しているとする。優勝を争うライバルチームがいたら、そのチームと開幕戦で当たるのか、最終節で当たるのかによって、ピークの設定は変わってくる。

開幕戦で当たるのであれば、シーズンの頭にピークが来るようにトレーニングを行わなければいけない。なぜなら、開幕戦を落としてしまえば、優勝という目標から遠ざかってしまうからだ。

これがFリーグであれば、リーグ戦は3回戦総当たりで、レギュラーシーズンの後にプレーオフもある。そのため、開幕戦にピークを持ってきてしまうと、長いシーズンを乗り切ることができなくなってしまう。

シュライカー大阪を例に出すと、1年

間のカレンダーは大きく分けて3つに区切られる。プレシーズンはどのぐらいあるのか。リーグ戦ではどこを目指すのか。カップ戦はどの時期に開催されるのか。そうしたカレンダーをしっかり見なければいけない。→❺

例えば、2015-16シーズンのFリーグはプレシーズンの期間が非常に短かった。プレシーズンが1カ月なのか3カ月なのかで、準備の期間でやるべきことも変わってくる。

開幕戦まで1カ月しかなければ、そこまでのトレーニングの組み立て方を考える。開幕戦で何が何でも勝ち点3がほしいのであれば、プレシーズンに戦術的なメニューやセットプレーのトレーニングを多めにしてチームを仕上げていくという方法もある。あるいは、シーズン中にだんだん調子が上がってくるように、開幕戦にはフィジカル的に追い込んだ状態で戦うという選択もある。そこは

24

クラブの目標や、リーグのカレンダーともかかわってくるので、どれが「正解」というのはない。

Ｆリーグにはリーグ戦とは別にカップ戦が行われるが、レギュラーシーズンの前に行われるのか、もしくは途中に行われるのかによっても、トレーニングの計画性は変わる。

クラブの目標と、それを達成するまでに必要なプロセスをより具体的にするために、チームの「目標勝ち点」を具体的に設定する場合もある。

過去のデータなどを踏まえて、目標を設定するためにはどのぐらいの勝ち点が必要になるのかを弾き出す。目安となる勝ち点を設定することによって、どこまでに、どのぐらいの勝ち点をとっていなければいけないのかが見えてきて、トレーニングを組み立てやすくなる。

そうした視点を持たずに、その日のトレーニングのことだけを考えていては、良いシーズンは送れない。

❺ CHECK POINT

1年間の流れを意識する

プレシーズン

⬇

シーズン

⬇

カップ戦

プレシーズン、リーグ戦、カップ戦など1年間の流れを意識しながら、カレンダーに合わせてメニューを考えることが重要になる。

FUTSAL TACTICS

TRAINING DESIGN

3

トレーニングの計画を立てる

トレーニングは目標に向かって、計画性を持って行われなければいけない。
ただし、計画通りに進めることだけに縛られてしまうと、
本来の目的を達成できないので、柔軟に変えることも必要になる。

トレーニングでは、マクロサイクル（1シーズン）・メソサイクル（1カ月）・ミクロサイクル（1週間）を計画する。この計画をベースにして、トレーニングにチームコンセプトの一貫性を持たせることが重要になる。

どこにプライオリティを置くのか、フィジカルのピークをどこに持っていくのか。そういうところを一つずつ"デザイン"するのが監督の仕事になる。→❻

週末の試合に勝つことがゴールだとするならば、自分たちの長所と短所、相手の長所と短所、予想される試合展開、注意すべきポイントなどを分析した上で、トレーニングの内容を組み立てなければいけない。

オフェンスならボールを回す、ディフェンスなら激しくプレッシャーをかける。そうしたチームコンセプトはぶれてはいけない。ただし、試合の状況や相手との力関係でそれができないこともある

ので、その時のために引き出しを作っておかなくてはいけない。前からプレッシャーをかけるからといって、引いて守った練習をしないかといえば、そうではない。

週末の試合が終わったら、基本的には次の試合の話しかしない。そこからの1週間のトレーニングは次の試合に勝つためのトレーニングをやる。それを5日なら5日でどうやってデザインしていくか。

もちろん、監督の頭の中では、もっと先のことも考えておかなくていけない。例えば、ここからの3試合の相手は引いて守ってくるチームで、マンツーマンディフェンスをしてくる可能性が高いとする。そういう時は、次の試合に向けたトレーニングでもありながら、3週間先の試合のことも見据えて、重点的に、これから起こりそうなことにフォーカスしていく。

❻ CHECK POINT

監 督 の 仕 事

ピッチ外

- ・クラブフィロソフィー
- ・目標設定
- ・ゲームモデル
- ・システム
- ・年間トレーニング
  サイクル

トレーニング

ゲーム

- ・モチベーション
- ・競争力
- ・フィジカル
- ・怪我予防
- ・メソッド

- ・スカウティング
- ・選手起用
- ・タイムアウト
- ・ハーフタイム
- ・フィードバック

監督の仕事はピッチ外・トレーニング・ゲームという３つの要素に
よって成り立っている。３つがリンクしていないと結果は出ない。

TRAINING DESIGN 3

トレーニングの計画を立てる

トレーニングの計画を立てる上で、非常に大事になるのがスカウティング。ファーストDFが縦を切るチームなのか、中を切るチームなのか。それによって、自分たちの一つ目のアクションを変える必要がある。そうしたことをトレーニングの中に落とし込んでいく。

トレーニングを作る上で重要なのがパソコンを活用すること。よく、「フットサル監督はピッチの外で何をやっているんですか？」と質問されることがあ

る。私がこれまで見てきた監督の多くは、ピッチに立っている時間よりも、パソコンの前に座っている時間のほうが長い。

今はパソコンの映像編集ソフトがあれば自分で選手に見せるための映像を作ることができるので、試合で撮ったビデオは細かくプレーごとのフォルダに分けて保存して、すぐに見られるように管理している。

試合が終われば自分たちのゲームの分析ビデオを編集して、試合までの1

❼ CHECK POINT

練 習 中 に チ ェ ッ ク す る こ と

・狙った現象は出ているか？

・モチベーション高く取り組んでいるか？

・フィジカル的な負荷はどれぐらいか？

シーズン前に決めたプランや、時間配分などに気をとられるのではなく、練習中に起こっている現象や選手の表情をチェックしよう。

シュライカー大阪の月間スケジュール

Shriker osaka Trainig / 2014-2015

Oct		Mon	Tue	Wed	Thu	Fri	Sat	Sun
27W	AM			TACTICO 9:30 [1]	TACTICO 9:30 [2]	OFF [3]	OFF [4]	OFF [5]
	PM						OFF	OFF
28W	AM	OFF [6]	OFF [7]	TACTICO 9:30 [8]	MEIJI TACTICO 9:30 [9]	TACTICO 9:30 [10]	16JORNADA TM VS FUNFU 9:45 [11]	OFF [12]
	PM							OFF
29W	AM	RECOVERY 9:15 [13]	TACTICO 9:30 [14]	TACTICO 9:30 [15]	TACTICO 9:30 [16]	TACTICO 9:30 [17]	16JORNADA [18]	OFF [19]
	PM						VS NAGOYA 13:45	OFF
30W	AM	VIDEO TACTICO 9:15 [20]	FISICO TACTICO 9:30 [21]	TACTICO 9:30 [22]	TACTICO 9:30 [23]	TACTICO 9:00 [24]	17JORNADA [25]	OFF [26]
	PM					VIAJE 13:13	VS OITA 13:00	
31W	AM	OFF [27]	OFF [28]	TACTICO 9:30 [29]	TACTICO 9:30 [30]	TACTICO 9:30 [31]	18JORNADA	OFF
	PM					VIAJE 13:15	VS FUGA 14:00	

週間では毎日のトレーニングを映像でチェックしたり、編集したりしながら、週末の対戦相手のスカウティングビデオも編集する。その合間にも、スペインリーグやブラジルリーグなどの試合もチェックする。

トレーニングもビデオで撮影し、練習後にコーチからメニューごとに名前をつけたものを送ってもらい、全てチェックしている。このトレーニングは本当に良かったのか、選手のコンディションやモチベーションはどうだったか……。それも含めて明日どうしようか、ということを考えていく。

もともと思い描いていたプランがあっても、前日の練習によってはそのプランを変えることも必要になる。最初から全てをかっちりと決めてしまうと、見なければいけないことが見えなくなってしまうこともある。大事なのは練習中の微妙な変化や、選手のモチベーションをしっかりと見ること。➐

指導者が予定通りに進めることばかりに気をとられると、実際にはうまく現象が出ていないのに、次のメニューに行ってしまったり、十分な検証ができなかったりするもの。例えば、トランジションがうまくいかなかったけど、1日しかやらない予定だったからと、当初の予定を優先してしまうと、消化不良の状態になってしまう。そういう時は計画を変更する勇気が必要になる。

FUTSAL
TACTICS

TRAINING
DESIGN

4

トレーニングの 内容を構築する

クラブの目標を達成するために、チームのコンセプトを
ベースにしながら、テーマを落とし込んでいくのが、
トレーニングを構築する作業となる。
大きく分けて２種類の方法論がある。

第１章　トレーニングデザインの考え方

ここからようやくメニューを構築して
いく作業に入っていく。クラブとしての
目標を達成するためのチームコンセプト
をベースにした中で、テーマを細分化し、
その内容を毎回のトレーニングに落とし
込んでいくというのが基本作業になる。
トレーニングにはプレシーズンとシー →⑧

ズン中という大きく２つの段階がある。
プレシーズンにおいてはフィジカルを
強化するためのメニューと、チームコン
セプトを理解するためのメニューを多く
する。こうやって攻める、こうやって守 →⑨
る、こういうセットプレーをするなど。
相手がどうとかよりも、自分たちの理想

⑧ **CHECK POINT**

**トレーニング
の作り方**

コンセプトを決める

テーマを細分化する

トレーニングに落とし込む

トレーニングの作り方は、チームのコンセプトを決めた上で、テーマ
を細分化して、トレーニングに落とし込むというのが基本サイクル。

30

❾ CHECK POINT

プレシーズンのトレーニング

・フィジカルを強化するためのメニュー

・チームコンセプトを理解する
ためのメニュー

プレシーズンでは、1年間を戦い抜くためのフィジカル強化や、チームのコンセプトを浸透させるためのメニューに多くの時間を割く。

❿ CHECK POINT

シーズン中のトレーニング

・自チームを分析したメニュー

・対戦相手をスカウティングした
メニュー

シーズン中は、次の対戦相手をスカウティングしたり、自分のチームの状況や試合内容を分析したりした上でのメニューを主に行う。

の形は何なのかということを主眼に置く。

シーズン中は自チームを分析したメニューと対戦相手をスカウティングしたメニューを多くする。例えば、今週は名古屋オーシャンズと戦うとしたら、次の週の相手のことは基本的に考えない。その試合までの1週間というのは、名古屋に勝つために何をするかということに集中する。

Fリーグの場合は毎週末に試合があるが、次の試合まで1カ月あるのであれば、トレーニングの構築も変わってくる。最初の2週間はチームのコンセプトを浸透させるメニュー、残りの2週間で対戦相手をスカウティングしたメニューと、

トレーニングの内容を構築する

FUTSAL TACTICS / TRAINING DESIGN 4

第1章　トレーニングデザインの考え方

1カ月の中で組み立てる。

また、意外と見落としやすいのが、チーム全体のコンディショニングのピークをどうやって作るか。監督は戦術的なものや、セットプレーなどを重要視しがちだが、フィジカル的なコンディションをどうやって調整していくかは、とても大事な要素である。チーム全体のコンディションと、個人のコンディションを意識しなければいけない。

怪我を抱えた状態の選手はいるのか、週明けに合流しないけど今週は使いたい選手がいるのか、前の試合でかなり長く出場した選手のピークをどうやって持っていくか。逆に1分しか出ていない選手はどうするか。→⓫

個人的には1人の選手を特別扱いすることはあまり良くないと考えている。例えば、前の試合で長時間出場したからといって、その選手だけをオフにすると、グループのマネージメントという観点からいうとマイナスな影響になる。試合に

⓫ **CHECK POINT**

チームと個人のコンディショニング

・怪我人がいるのか

・週明けに合流できない選手はいるのか

・前週の試合で出場し続けた選手はいるのか

チーム全体と個人のコンディションを管理することは重要な仕事。選手ともコミュニケーションをとりながらチーム状態を把握する。

12 CHECK POINT

トレーニングの組み立て方

ルーティーンを変えない

○ メリット
- 選手に説明する手間が省ける
- トレーニングの質が上がる

✕ デメリット
- 選手が飽きてしまう
- アクシデントに対応しづらい

ルーティーンにこだわらない

○ メリット
- モチベーションを高く保てる
- 相手に合わせた対策をしやすい

✕ デメリット
- 練習の内容を説明する必要がある
- トレーニングの質が上がりづらい

トレーニングの組み立て方には大きく2種類がある。それぞれメリット・デメリットがあるので、チームに合っている方法を選択する。

出ていない選手からすれば、「自分はこれだけやっているのに……」という不満につながりやすい。

コンディション面を考えればオフにしたほうが良くても、グループでのモチベーションにばらつきが出てくる場合もある。そうした複合的な要素を考えながら、どうやって週末の試合にピークを持っていくのかを考慮しなければいけない。

監督にはトレーニングの組み立て方で2つのタイプがいる。一つはルーティー

シュライカー大阪の週間スケジュール（例）

28W/Oct/2014

	Mon 2014.10.13	Tue 2014.10.14	Wed 2014.10.15	Thu 2014.10.16	Fri 2014.10.17	Sat 2014.10.18	Sun 2014.10.19
AM	session155 OBJETIVO:RECOVERY ⏱ 9:30	session156 OBJETIVO:VIDEO TACTICO DEFENSA PRESION DEFENSA PRESION CON CANBIO SEPERIORIDAD IBFERIORIDAD ⏱ 9:30	session157 OBJETIVO:TACTICO DEFENSA PRESION ARRIBA DEFENSA PRESION MEDIA PISTA DEFENSA CERRADA JUEGO REAL ⏱ 9:30	session158 OBJETIVO:TACTICO ESTRATEGIA SALIDA DE PRESION 5C4 ⏱ 9:30	session159 OBJETIVO:TACTICO ESTRATEGIA ⏱ 9:30		OFF
PM						session160 16JORNADA VS NAGOYA ⏱ 13:30	OFF

ンを変えない監督、もう一つは毎週トレーニングの内容を変える監督である。前者は、週明けの月曜日はリカバリーから入って、火曜日はフィジカルの負荷がかかるメニューをして、水曜日は紅白戦というようにルーティーンを作って、それを崩さないというやり方。→⑫

メリットとしては、毎回同じ内容なので選手に説明する手間も省けて、トレーニングの質が上がり、フィジカル的なピークも持っていきやすい。デメリットとしては選手が練習に慣れてしまい、マンネリを感じやすくなること。選手同士で今日は月曜日か、あの練習は面白くな

いな……といた話をしたり、きつい練習の日はモチベーションが下がってしまうこともある。

後者は、常にメニューを変えるというやり方。メリットは、選手たちが新鮮味を持って取り組めるので、モチベーションを高く保てること。ただし、新しいことをやるので、ルールがわからなかったり、狙いがわからなかったりするので、説明に時間がかかり、質が上がりづらいというデメリットもある。

ルーティーンを変えない、毎週トレーニングの内容を変える、どちらにも良い部分と悪い部分がある。

トレーニングの内容を構築する

TRAINING DESIGN 4

　参考例として、シュライカー大阪がシーズン中にどのように1週間のスケジュールを組んでいるかを紹介したい。

　前の週の試合が土曜日にあって、週末の土曜日に試合を行う場合。試合翌日（日曜日）はオフになるので、月曜日から金曜日までの5日間で次の試合に向けた準備を行う。

　月曜日は通常通りのトレーニングを行う。フィジカル的な強度としては中の上ぐらいが目安になる。ただし、ウォーミングアップでは長い時間に出た選手はジョギング、あまり試合に出ていない選手は、強度の高いメニューをするなど、その選手の出場時間やコンディションに合わせて個別に変える。

　火曜日は、大阪の場合は午前・午後の2部練習を行っている。次の試合の対戦相手のスカウティング映像を選手に見せながら、相手が狙ってくることや、自分たちが狙うことなどを話す。

　週の真ん中にあたる水曜日は、ゲーム形式のメニューを行うことが多い。実際の試合に向けて、フィジカルを上げることも目的になる。

　月・火・水と3連続でトレーニングを行ったら、木曜日は強度を落とす。大阪の場合は全員がプロではないので、練習をした後に仕事をする選手も多いため、十分に回復の時間がとれない。試合に万全な状態で臨むためには、適度なリカバリーも必要になる。

　試合前日の金曜日は戦術練習、セットプレー、パワープレーなどをメインに行う。ディティールをしっかりと詰めながら、次の試合に向けて最終調整を行う。

FUTSAL
TACTICS

TRAINING
DESIGN

5

トレーニングの種類を増やす

トレーニングは大きく3つの種類に分かれている。
それらをチームのコンセプトや、参加できる人数、
対戦相手の特徴などに応じて、的確に行なっていくことが
チームの強化につながっていく。

第1章

トレーニングデザインの考え方

トレーニングには主に3種類ある。➡️⑬

一つ目が「アナリティックトレーニング」。これは相手をつけないで行うもので、基本テクニックの習得に適している。対面パスなどが、これにあたる。

二つ目が「グローバルトレーニング」。試合のある状況を切り取って、ゴールを使わずに行うもの。代表的なメニューとしてはロンドがある。

三つ目が「インテグラルトレーニング」。試合のある状況を切り取って、ゴールを使って行うもので、グローバルトレーニングに比べて、より実戦的になる。フィジカル・技術・戦術・メンタルといった要素を同時にトレーニングする狙いがある。

それぞれに目的や伸ばせる要素は違うので、3つのトレーニングメソッドを、チームのコンセプトや選手のレベルに応じて、的確に組み合わせることでレベル

アップを図っていくことが基本的な考え方になる。

もちろん、常に同じ順番で行わなければいけないわけでないが、アナリティックトレーニングでテクニックやパターンを覚えさせてから、グローバルトレーニングで判断の要素を入れて、インテグラルトレーニングやリアルゲームで実戦的な内容に近づけていくというのが、基本的にトレーニングの組み立て方になる。

また、トレーニングには選手との相性もある。Aというチームでうまくいった練習が、Bというチームでもうまくいくとは限らない。例えば、シュライカー大阪でやっていて、反応が良いトレーニングがあるとする。でも、チームが変わったとしたら、同じトレーニングをしても同じ反応になるとは限らない。選手の質や、キャラクターが違えば、同じメニューでも出てくる現象は変わってくる。

36

⑬ CHECK POINT

３種類のトレーニング方法

アナリティックトレーニング

技術やフィジカルといった、プレーの中で起こる現象を、それぞれ別に抜き出したトレーニングである。相手をつけず、同じ動作を繰り返すため、技術の習得や導入に対して有効的である。代表的なメニューは対面パスなど。

グローバルトレーニング

相手がいる状態で、ゴールをつけずに行う。チームとして取り組みたい課題や、意識づけしたいプレーを抽出し、その事象が多く出るように人数・サイズ・ルールを設定する。代表的なメニューはロンド、ポゼッションなど。

インテグラルトレーニング

技術・戦術・フィジカル・メンタルの要素が含まれる。相手をつけて、ゴールも置いた、試合に限りなく近い状態で行う。コーチの介在もリアリティである必要がある。代表的なメニューは、条件付きのゲームなど。

チームのコンセプトや試合での目的に応じて３種類のトレーニングを組み合わせることが重要である

選手はロボットではなく、感情を持った人間なので、モチベーションが上がる練習もあれば、あまり上がらない練習もある。そのため、指導者はメニューをこなすことだけを考えるのではなく、選手の表情や、練習の合間の雰囲気などを、しっかりと観察していなければいけない。

また、たくさんのメニューを知っておくことも指導者にとって重要である。

メニューの種類としては「ゴールを使わないトレーニングメニュー」、「ゴールを１つ使うトレーニングメニュー」、「ゴールを２つ使い人数やコートサイズを変えるメニュー」、「２つ以上のテーマをゲーム中に起きる流れに沿って組み合

⑭ CHECK POINT

トレーニングの種類

- ・ゴールを使わないトレーニングメニュー

- ・ゴールを１つ使うトレーニングメニュー

- ・ゴールを２つ使い人数や
  コートサイズを変えるメニュー

- ・２つ以上のテーマを
  ゲーム中に起きる流れに沿って
  組み合わせたトレーニングメニュー

- ・リアルゲームだがルールを変える
  トレーニングメニュー

トレーニングにはさまざまな種類があるが、どんな効果があるのか、
何のために行うのかを常に考えなければいけない。

わせたトレーニングメニュー」、「リアル
ゲームだがルールを変えるトレーニング
メニュー」などがある。

日本のフットサル環境では、練習する
ピッチのサイズや参加する人数などがい
つも同じとは限らない。GK の選手がい
ない、ゴールが使えない、人数が４人
しか来ないなど、さまざまな状況の中で、

どんなトレーニングをすべきか。当然だ
が、３個しかメニューを知らない指導者
よりも、10 個メニューを知っている指
導者のほうが、より効率的で効果的なト
レーニングを行える可能性は高くなるの
は間違いない。

ただし、メニューを覚えているだけで
は十分ではない。「このトレーニングは、

トレーニングの種類を増やす

FUTSAL TACTICS
TRAINING DESIGN
5

何のためにやるのか」というのを、指導者自身が理解することが大事になる。チームのコンセプトに合っているのか、どんな現象を出したいのか、実際の試合ではどのように活かせるのか。そうしたことを考えなければ、本当の意味でメニューを知っているとはいえない。

今の時代はインターネットで検索すれば、トレーニングの動画がいくらでも出てくる。しかし、指導者が正しくトレーニングの構造や狙いを理解していなければ、選手は混乱するし、チームも強くならない。

シュライカー大阪もそうだが、Fリーグのほとんどのチームは、名古屋オーシャンズやスペインのチームのように2部練習ができる環境はない。だからこそ、限られた日数や時間の中で、いかにトレーニングをするかというのが大事になってくる。

名古屋のように全ての選手がフットサルに専念していて、自前のアリーナを持っているチームであれば、2部練習ができるので午前はフィジカル練習をやって、午後は戦術的な練習をすることもできる。トレーニングの間に回復する時間もとりやすい。

だが、日本のほとんどのチームはアマチュアの選手で仕事をしながらプレーしているので、1回のトレーニングでさま

トレーニングの
種類を増やす

FUTSAL TACTICS
TRAINING DESIGN
5

第1章 トレーニングデザインの考え方

ざまな要素を複合的に伸ばしていくことが必要になる。

だからといって、闇雲にいろいろな要素を詰め込んでも、十分な効果は得られない。

オフェンス、ディフェンス、トランジション、カウンター、パワープレー、セットプレー……。1回のトレーニングで全部をやろうとしても、選手からすれば「今日の練習で何をやろうとしていたのか」がぼやけてしまう。

トレーニングを組み立てる上で、絶対に意識しなければならないのが、全てのメニューがその日のコンセプトに沿った

ものになっているか。 →⑮

例えば、「ピヴォ当てからフィニッシュにつなげる」というテーマで行うとすれば、ウォーミングアップからシュート練習、2対2、ゲーム形式まで、全てのトレーニングに「ピヴォ当てからフィニッシュにつなげる」という要素が入っていなければいけない。

ウォーミングアップのロンドでは「ダイレクトでパスを出す」という条件をつけて、シュート練習ではピヴォ役の選手にダイレクトでパスを当ててからシュートを打つ。2対2ではピヴォの選手に当ててからフィニッシュというルールを入

⑮ **CHECK POINT**

> **トレーニングを作る上でのポイント①**

全てのトレーニングが
その日のコンセプトに沿ったものに
なっているかしっかり確認する

16 CHECK POINT

トレーニングを作る上でのポイント②

ウォーミングアップであっても
何のためにやるのか明確な目的や
狙いがなければいけない

れる。最後のゲーム形式では、ピヴォ当てからのシュートする現象が増えるように、DF役の選手にボールを持たせて攻撃側が有利な状況をつくる。

ウォーミングアップの代表的なメニューである、ロンドの中にもたくさんの種類がある。ピヴォ当ての要素があるもの、ポゼッションを上げるためのもの、トランジションが求められるもの……。日本ではどうしてもロンド＝遊びのような感覚が染みついているが、コンセプトを浸透させるための重要なメニューであるということを覚えてもらいたいし、選手にも働きかけてほしい。

ただし、リフレッシュを目的としたウォーミングアップもある。例えば大事な試合の前日にはあえて鬼ごっこなどを入れる。それによって、チームの雰囲気を明るくするという狙いがある。どんなトレーニングであっても、何となくやるのではなく、明確な目的や狙いを持ってやらなければいけない。

GKのトレーニングについても計画的に行う必要がある。シュライカーの場合はGKの選手はFPの選手より1時間先に入って、GKコーチとGKトレーニングを行なってから、全体練習をスタートしている。だが、金銭的なことも関わってくるので、どこのチームでも真似をできるわけではない。

仮に1面しかないコートで、どちらかのゴールでGKをトレーニングしたら、その間は半面のコートでトレーニングをすることになる。半面コートで効果的に行えるメニューを持っておくことも重要になる。

FUTSAL TACTICS
TRAINING DESIGN
6

トレーニングに必要なハード面

選手、スタッフ、環境といったハード面がどれだけ揃っているかは、トレーニングを作る上で重要なポイントになる。

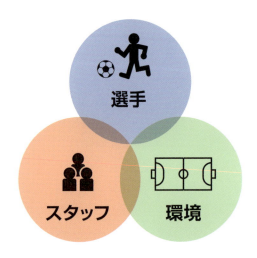

トレーニングにおけるハード面とはつまり、選手やスタッフ、環境のこと。どういう選手がいるのか、どういうスタッフがいるのか、どういう環境なのかということを抜きにしてトレーニングを組み立てることはできない。→⑰

チェックすべきポイントはたくさんある。コーチはいるのか、GKコーチはいるのか、練習は何人が来られるのか、GKは何人いるのか、練習には必ずGKが来られるのか、トレーニング用の器具はどんなものがあるのか、コートのサイズはどのぐらいで、人工芝なのかフローリングなのか……。

日本のフットサル環境では、Fリーグのようなトップカテゴリーを除いて、常に練習に全員が参加する、GKが2人以上いる、フローリングのピッチで練習できるという環境があるチームのほうが珍しいだろう。実際に、私が指導しているシュライカー大阪U-18は高校生のカテゴリーなので、当日になってGKが来られなくなったり、テストで練習の参加人数が少なくなったりとか、そのようなこ

とはよくある。GKが1人もいないのに予定通りのメニューをやろうとすると、GKをFPで持ち回りしなければならない。だが、GKが来られない時のメニューをあらかじめ持っておけば、GKがいない中で別のことにフォーカスして、モチベーションの高いトレーニングができる。

何かがそろわない状況だとしても、どんなことが起こり得るかを考えながら、クラブの目標、週末のゲームなどの目的に応じて、メニューを工夫する。そうした引き出しをたくさん持っておくことが、指導者にとっては大切である。

⑰ CHECK POINT

ハード面のチェック項目

- コーチはいるのか

- 練習には何人が来れるのか

- GKが何人いるのか

- 練習に必ずGKが来れるのか

- トレーニング用の器具は何があるのか

- 練習場所は芝なのか床なのか外なのか屋外なのか

トレーニングを組み立てる上では、コーチの人数や、GKの有無など現実的にできる環境があるのかを確認しておくことが必須となる。

FUTSAL TACTICS
TRAINING DESIGN
6

トレーニングに必要なソフト面

トレーニングの質を上げるためには、怪我の予防、目的・目標、分析といったソフト面を充実させることが重要になる。

第1章　トレーニングデザインの考え方

　トレーニングに必要なソフト面とは、怪我の防止や目的や目標、分析などのことである。高い質のトレーニングを行って、試合で良い結果を出すためには、選手のコンディションや、モチベーションを常に見ていなければいけない。

　怪我の防止はプロでもアマチュアでも絶対的に必要なもの。シーズン中に怪我人が多ければ目標を達成することは難しくなる。もちろん、どれだけ予防したとしても怪我人をゼロにすることは不可能だろう。それでも、選手を預かる責任者として、毎回5分でも10分でも、怪我を防止するためのメニューを取り入れることも大切になる。

　ウォーミングアップのやり方を考える、ストレッチを全員でやるなどチームによってやり方は違ってくるが、怪我の防止することに指導者が目を向けることは非常に大事になる。⓲

　また、トレーニングの目的や目標というのは、常に伝え続けないといけない。メニューの中身が良かったとしても、選手が、何を目的としたものなのか、どこに向かっているのかを意識できていなければ、そのトレーニングの効果は半減し

てしまう。まったく同じメニューをやっていても、指導者が意識するポイントを伝えているか、選手が理解しているかによって現象は大きく変わる。

さらに、その目標を達成するために、常に分析を続けないといけない。もちろん、24時間、監督業に時間を割くことはできないだろうが、選手たちというのは監督のことを意外と見ているもの。フットサルのことを勉強しているのか、トレーニングに狙いを持っているのか、対戦相手をどのくらい分析しているのか……選手は監督が仕事をしているかどうかを、意識的にせよ無意識的にせよ、よく見ている。ちゃんとやっているという信頼を得られれば選手はついてくるし、適当にやっていると思われたら選手はついてこない。

必要以上にアピールすることはないが、自分の仕事ぶりを選手たちに示すことも、トレーニングの効果を上げるための要素になる。

⓲ CHECK POINT

ソフト面のチェック項目

・怪我人はどれぐらいいるのか

・怪我を防止することはできているか

・目的や目標は伝わっているか

・自分のチームの分析はできているか

質の高いトレーニングをするためには、怪我人の防止も重要になる。また、目的や目標は常に選手たちに伝え続けなければならない。

Futsal Tactics Training Design

世界のフットサル戦術

W杯で見えた
最先端のトレンド

　2016年にコロンビアで開催されたFIFAフットサルワールドカップ。全52試合、全352得点の映像を分析していくと世界のフットサルのトレンドが見えてきました。

　オフェンスに関しては「ピヴォを使った攻撃」です。プレス回避や定位置攻撃からピヴォ当てをして、そこに2人目が寄っていく、3人目が関わってファーポストで合わせる形、もしくはピヴォが直接ターンする形などのバリエーションが見られました。

　ピヴォ当てというのは、フットサルにおいては古典的とも言える基本戦術です。一時期は「時代遅れ」とも呼ばれたのですが、ピヴォの時代が戻ってきたと感じました。

　オフェンスでは、「ロングシュート」も目立ちました。ゴールから10～12メートルの遠目の位置からのシュートは、世界と日本を比較した時に、最も差があるところです。シュートレンジを広げることについては、日本の課題として取り組んでいく必要があります。

　ディフェンスでは、「マンツーマンディフェンス」が主流となっていました。高い位置からプレスをかけて、人をつかまえていく守り方です。ワールドカップに出場する代表チームは、クラブチームと違って戦術的に構築する時間があまりとれません。それゆえに、個のタレントを生かしたマンツーマンのほうが採用しやすい側面もあると思います。

　ワールドカップ全体を見ていて感じたのは、フットサル選手のフィジカルレベルが向上していることです。そのため、ピヴォ当てやマンツーマンなど個の力を前面に押し出した、シンプルな戦術の優位性が高まっていると言えるのかもしれません。

chapter 2

フットサルの基本戦術

ポジションの役割

オフェンスシステム

2人組の関係

プレスのライン

ディフェンスのタイプ

プレス回避

定位置攻撃

トランジション

セットプレー

パワープレー

ポジションの役割

攻撃の起点となるターゲットマン
ピヴォ

　ピヴォとは、ポルトガル語で「先端」という意味で、FPの最前線に位置する。相手を背負ってボールを受けて、そこからのシュートや、味方へパスをつなげるなど、攻撃の起点役としてのプレーが求められる。

　タイプとしては、真ん中からあまり動かずに相手を背負ってプレーする「固定的なピヴォ」と、ピッチを広く動き回ってサイドや低い位置でもプレーする「流動的なピヴォ」の大きく2種類がある。代表的な選手は、ブラジルのフェラオ。

チアゴ（シュライカー大阪）

特徴①相手を背負ってプレーできる
最前線に位置するピヴォは、FPの中で最もコンタクトプレーが多いポジション。相手を背負った状態でも、ボールを失わずにキープできなければ務まらない。

特徴②ターンすることができる
ピヴォの得点パターンで最も多いのが、相手を背負ってからの振り向きざまのシュート。ターンからシュートに持っていけるのは優秀なピヴォの条件の一つ。

特徴③フィニッシュがある
ピヴォの重要な仕事がゴールを決めること。相手を背負った状態でも、前を向いた状態でも、強く、正確なシュートを打てれば、チームにとって大きな武器になる。

特徴④決断力がある
縦パスを受けてボールをキープした後、自分でシュートを打つのか、味方の選手にパスを出すのか、最善のプレーを選択するための決断力が要求される。

攻守のバランスをとり、チャンスを作る
アラ

　アラにはさまざまなタイプがいる。ドリブルで仕掛けることに長けたタイプ、豊富な運動量で走り回って潤滑油になるタイプ、パスを主体にゲームを組み立てるタイプなど異なる特徴がある。アラの組み合わせによって、チームのスタイルが変わるといっても過言ではない。

　アラを基本ポジションとしながらも、ピヴォ的なプレーもこなす選手は「アラ-ピヴォ」、守備的な選手は「アラ-フィクソ」と呼ばれる。代表的な選手は、ポルトガルのリカルジーニョ。

小曽戸允哉（シュライカー大阪）

特徴①ピヴォと良い関係性ができる
攻撃面においては、ピヴォの選手にパスを出す、あるいはピヴォにボールが入った後にもらうなど、ピヴォとの良い関係性が作れることがアラには求められる。

特徴②サイドでの1対1
アラの仕事の一つが、サイドでボールを持った時にドリブルで1対1を仕掛けること。1対1が強い選手がいれば、あえて孤立させて仕掛けやすくすることも。

特徴③戦術眼に優れる
チーム全体のバランスをとるのは、アラの重要な役割になる。ピッチ上で何が起こっているのか、今は何をすべきかを見極める戦術眼を持っていることが望ましい。

特徴④攻守の切り替えが速い
ボールを失った後のプレッシングやカバーリング、ボールを奪った後の攻め上がりなど、攻守の切り替え（トランジション）におけるスピードが求められる。

ポジションの役割

ピヴォを抑える守備の要
フィクソ

FPの中で一番後ろに位置するフィクソは、相手のピヴォとマッチアップすることが多いポジション。ピヴォに自由にプレーさせないようにするために、優れた読みや対人プレーの強さなどが必要不可欠となる。

ボールを持った時にはゲームのリズムを作るパス出しや、ミドルシュートによってゴールを狙うなど、守備の要となるだけでなく、攻撃においても重要な役割を担う。代表的な選手は、スペインのオルティス。

田村友貴（シュライカー大阪）

特徴①ディフェンスが強い
第一の仕事は攻撃の起点となるピヴォをマークすること。ピヴォの選手と競り合えるフィジカルの強さや、ゴレイロと連携しながらの守備が絶対条件となる。

特徴②攻守のバランスがとれる
基本的にはFPの最後尾に位置するため、全体のバランスや試合の流れをみながら、攻め上がったり、後ろに残ったりといった状況判断を行わなければいけない。

特徴③起点となるパスを出せる
低めの位置でボールを持つフィクソは司令塔としての役割も担う。フィクソから前線のピヴォへ縦パスを出せれば、シンプルな形からチャンスを作り出せる。

特徴④ミドルシュートが打てる
最後尾にいるフィクソは、比較的マークが空きやすいポジション。遠目の位置でボールを持った時に、そこからシュートを打てれば攻撃のバリエーションが広がる。

勝敗の50%を握る
ゴレイロ

　サッカーのGKと同じように、フットサルのゴレイロも相手のシュートを止めることが最大の仕事になる。トップレベルにおいては「ゴレイロで勝敗の50%が決める」といわれるほど影響力は大きい。

　また、スローやフィードなどで攻撃面に関わる回数も多く、ゴールにつながるパスをゴレイロが出すことも珍しくない。ペナルティーエリア外に飛び出してカバーリングを行うことも求められる。代表的な選手は、ブラジルのチアゴ。

柿原聡一郎（シュライカー大阪）

特徴①シュートを止める
ゴレイロに何よりも求められるのはシュートをストップすること。正しいポジショニングをとって、手だけでなく足も使って、飛んできたシュートを止める。

特徴②味方の選手を動かす
味方の選手にコーチングを行ない、シュートを止める確率を高めなければいけない。的確なコーチングをするためにはゴレイロとしての経験が求められる。

特徴③攻撃の起点となる
ゴレイロにとって正確なスローやフィードができるかは、とても重要なポイント。特に、相手のシュートをキャッチした後のスローはカウンターにつながりやすい。

特徴④カバーリングができる
必要な時には、ペナルティーエリアを飛び出して、カバーリングを行う。シュート以外のタイミングでも、常に警戒しながら、的確な判断を下さなければならない。

オフェンスシステム

前線のピヴォを起点に攻める
3-1

前線にピヴォを置いたシステム。相手がプレスをかけてきたら、後ろで3人でパスを回しながら、ピヴォへパスを入れる。ピヴォが相手を背負ってボールをキープしている間に、他の選手が押し上げてパスを受ける。

このシステムを採用するには、ピヴォの特徴を持った選手がいなければならない。もしも、チームにピヴォが1人しかいない場合は、ピヴォがいるセットと、ピヴォがいないセットでシステムを変えることもある。

必要なタレント

3-1システムを行う上で最も重要なのは、「1」のピヴォに前線でボールを収める能力がある選手がいること。自分たちのチームにフィジカルコンタクトに強く、ボールキープもうまいピヴォがいる場合は、3-1を採用することでピヴォの特徴を活かしやすくなる。

プレーモデル

ピヴォが高い位置でボールを受けて、「深さ」をつくることによって生まれたスペースに他の3人が侵入していく。後ろの3人はピヴォにパスを出した後、その場にとどまるのではなく、素早くサポートに行くこと、動きのバリエーションをつけることが必要になる。

4人が連動してパスを回す
4-0（クワトロ）

　4人のFPが横並びもしくはおわん型になるシステムで、「クワトロ（ポルトガル語で4という意味）」とも呼ばれる。ピヴォがいない分、深さはつくりづらいが、4人が連動してパスを回して相手の背後のスペースを突くというプレーに適している。

　ゴールクリアランスの時に、ゴレイロのスローがハーフを超えてはいけないというルールがあったスペインリーグで、プレスをかわすためのシステムとして発明されたとされる。

必要なタレント

4-0ではポジションが流動的になるので、FP4人全員がパスをつなげて、スペースに飛び出していける機動力が必要になる。サイドでは2人組の関係になるので、相手の裏を突けるスピードを持つ使われるタイプと、正確なパスを出せる使うタイプがいると崩しやすい。

プレーモデル

4人のFPが少ないタッチでボールを動かしながら、サイドでのワンツーやパラレラなどから裏のスペースを突く。1対1で仕掛けられる選手がいる場合は、どちらかのサイドに3人が寄って、逆サイドで1人をあえて孤立させるアイソレーション戦術も有効になる。

オフェンスシステム

役割分担がはっきりしたボックス型
2-2

　前線に2人、後方に2人を配置した、いわゆる「ボックス型」と呼ばれるシステム。前線の選手が攻撃、後方の選手は守備に重点を置いてプレーする。攻守の役割分担がはっきりしているため、フットサル経験が少ない選手にも比較的わかりやすい。

　選手間の距離が遠くなるため、ピッチ上で1対1のマッチアップが生まれやすい。そのため、1対1で優位性を保てる個の能力があるチームに適したシステムといえる。

必要なタレント

前線の「2」にはピヴォとしてボールを収める能力が求められる。右利きと左利きのピヴォがいると攻撃の幅が大きく広がる。後ろの「2」にはピヴォへの縦パスを供給するパサーとしての能力と、カウンターを受けた時に止められる守備力がある選手が必要になる。

プレーモデル

前線のどちらかのピヴォにボールを当てたところに、他の選手が絡んでいくのがメイン。ピヴォ同士のコンビネーションでフィニッシュに行くことも多い。前列と後列の間にできるスペース（ライン間）でパスを受けることで数的優位を作り出すことも重要になる。

変化をしやすい3ライン構造
2-1-1

　主なシステムの中で唯一、3ライン構造になっているのが2-1-1システム。3ライン構造にする利点はシステムの変化を行いやすいこと。2-「1」-1の「1」の選手が前に出れば2-2、後ろに下がれば3-1になるので、キャラクターによって使い分けられる。

　相手陣内に押し込んだ後、片方のサイドに3人が並び、逆サイドに1人がいる変則的な形になることも。意図的に孤立した状態（アイソレーション）を作って1対1を仕掛けさせるのが狙い。

必要なタレント

基本的にはピヴォ、アラ、アラ-フィクソ、フィクソという4人によって構成される。2-「1」-1の「1」をピヴォとしてプレーできる選手にして、攻撃時には2-2になったり、アラ-フィクソとしてプレーできる選手にして、3-1になったり、変化をつけることもある。

プレーモデル

3列構造になっているので、相手が高い位置からプレッシングをかけてくる場合は、選手同士の間にできるスペース（ライン間）でパスを受けて、数的優位な状況を作りやすい。相手を押し込んだら3-1あるいは2-2になってピヴォを活用して攻撃を仕掛けていく。

2人組の関係

ヴィニシウス（シュライカー大阪）

サッカーよりも
規則的な動きが多い

　フットサルの攻撃においては「2人組の関係」がベースとなる。ピッチが狭く、相手との距離が近いため、守備を突破するためには個人による突破だけでなく、味方の選手と連携して、数的有利を作っていかなければいけない。

　サッカーに比べると、フットサルのほうがより規則的な動きが多いといえる。ピッチが狭いフットサルでは、ボールを持った選手がプレッシャーを受けるまでの時間も早いので、考える時間が与えられない。そのため、いくつかのパターンプレーを持っておいて、その中から選択を下すことで決断のスピードを速めることができる。

　2人の関係にはたくさんの選択肢があるが、ここでは代表的な3つを紹介する。動くスピードや、パスのタイミングなど、反復練習を行うことで精度を高めておきたい。

平行にパスを受ける
パラレラ

　パラレラとはポルトガル語で「平行」という意味。中でボールを持っている選手が、サイドの選手にパスを出した後、斜め前方に走り込んでいき、サイドラインに対して平行なパスを受ける。

　パラレラには、フリーランニングのスピード・タイミング・コースなどでさまざまなパターンがある。止まると見せかけてスピードを上げたり、まっすぐ進んでから一気に角度を変えたり、マークのつき方に合わせて変化をつけることが重要になる。

中でボールを持っている①が、サイドの②に横パスを出す。①はボールが動いている間に、右斜め前方のスペースへダッシュ。②はサイドラインと平行に縦パスを出す。②からのパスは、相手が前に立っている時は浮き球にすると引っかかりにくい。

2人組の関係

引きつけて置き去りにする
ワンツー

　ワンツーはサッカーでもよく見られる２人の関係のポピュラーな戦術だが、フットサルでは相手との距離感が大事になる。相手が遠い時にワンツーをすると、相手の方がボールに対して近い場所にいるので、スピードでよほど上回っていないと追いつけない。

　わざと相手に向かってドリブルしていく、あるいは相手が飛び込んでくるようにボールをさらして誘うなど、至近距離までマークを引きつけてから、パス＆ゴーで素早く入れ替わろう。

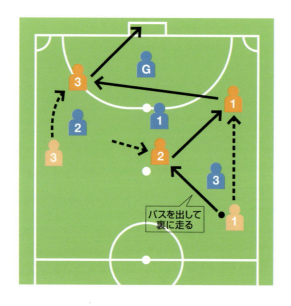

右サイドで①がボールを持っている。正面の相手との１対１になっている状況で、中にいた②が近寄っていく。①は②にパスを出したら、すぐに縦へダッシュ。②からのリターンを受けて、フィニッシュにつなげる。

ジアゴナール
視野の外側へ逃げる動き

　ジアゴナールとはポルトガル語で「斜め」という意味。中の選手がサイドにパスを出した後、対角線上に走っていって長い距離のパスを受ける。ボールを出した方向と反対側に動くことで、マークしている相手の視野から外れてフリーになることを狙う。

　大事なのはスペースがどこにあるかを見極めること。ジアゴナールをしようと思っても、自分が走ろうとしているスペースに味方がいる時は別のプレーを選ぶことが必要になる。

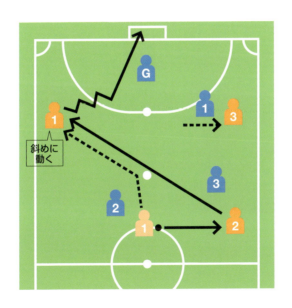

中でボールを持った①が、右サイドの②にパスを出す。①はまっすぐに動いてから、ボールと逆サイドのスペースへ走り出す。②はフリーになった①へグラウンダーもしくは浮き球のパス。①がもらってフィニッシュへ。

プレスのライン

どこからプレスに行くかを
チーム内で決めておく

　フットサルのディフェンスをする上で決めておくべきなのが「どこからプレスに行くのか」だ。プレスのスタートラインが曖昧なまま試合に臨むと、それぞれの判断でプレスに行くことになって、連動したディフェンスができない。

　ここからプレスをスタートするというライン設定の目安としては、大きく３つある。一つ目は相手ゴールラインから約12m（第２PKスポット）あたり。二つ目はハーフラインあたり。三つ目は自陣の第２PKスポットあたりまで、全員が下がるというもので「クローズド」とも呼ばれる。

　相手との力関係や、戦術的なプラン、選手の特性によって適切なラインは変わる。指導者は、あらかじめスタートラインを選手たちに示しておいて、ディフェンスにおける約束事を話し合っておくことが重要になる。

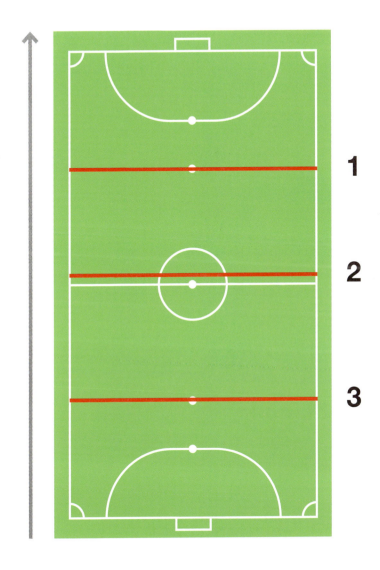

プレスのスタートラインには3つの目安がある。高い位置からプレスをかける場合は第2PKスポットあたり、ハーフから押し上げる場合は、ハーフラインの手前あたり、ブロックをつくる時は自陣まで全員が下がる。

ディフェンスのタイプ

人についていくのか
ゾーンを守るのか

　フットサルのディフェンスでは、マンツーマンとゾーンという2つの守り方がベースになる。マンツーマンとは、人についていく守り方で、自分のマークする相手を決めたら、基本的には他の選手に受け渡さない。一方のゾーンはそれぞれが担当するエリアを守るという方法で、マークの受け渡しが発生する。

　マンツーマンはマークがずれにくいという利点があるが、そのぶん実力差があるミスマッチと呼ばれる組み合わせも生まれやすい。ゾーンは体力の消耗を抑えられるが、マークの受け渡しに失敗すると失点に直結してしまう。

　あるいは、マンツーマンとゾーンを組み合わせたミックスという守り方もある。マンツーマンを基本としながらも、マークを受け渡せる時は受け渡すという臨機応変な要素があるため、チームで意識を統一する練習が必要になる。

人についていく守り方
マンツーマン

　フットサルでもともと主流だったのがマンツーマンディフェンス。特定のマークを決めて、その選手についていくという守り方で、マークのずれが生まれにくく、エラーがあった時にも責任の所在がはっきりすることがメリット。

　デメリットとしては、フィジカルが強い選手に体が小さい選手がつくなど、「ミスマッチ」が生まれてしまうこと。また、ポジションチェンジにもついていくので、ゾーンに比べると体力を消耗しやすい。

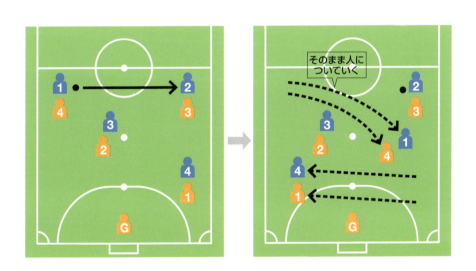

マンツーマンでは、相手ボールになった時に自分のマークの担当を決める。パスを出した後、前方のスペースに抜けていく相手（❶）に対して、マークについていた選手（④）はそのまま後ろに下がる。

ディフェンスのタイプ

マークの受け渡しを行う
ゾーン

ゾーンディフェンスは、FPがそれぞれの担当エリアを決める守り方。そのため、例えば、自分がマークしていた選手が逆サイドに移動した時は、そこについていくのではなく、逆サイドにいる味方の選手にマークを受け渡す。

ゾーンのメリットは守備の陣形が崩れづらく、体力の消耗が抑えられること。その一方で、マークの受け渡しがうまくいかない時や、曖昧なポジションに入ってきた選手をフリーにしやすいというデメリットもある。

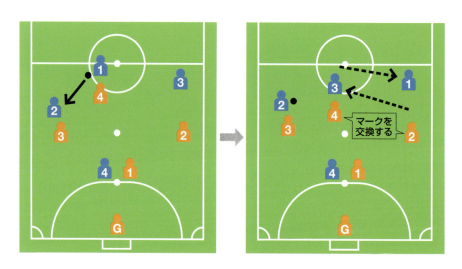

ゾーンでは、相手がスイッチなどポジションの入れ替えを行ってきた時に、マークする選手を入れ替えるのではなく、別のエリアにいる味方の選手に受け渡す。スムーズにマークを受け渡せれば、体力の消耗を抑えながら効率的に守ることができる。

マンツーとゾーンを組み合わせる
ミックス

　マンツーマンをベースにしながらも、マークの受け渡しも行うという守り方。前後のポジションチェンジに対して、マンツーマンでついていくと、守備側は長い距離を走ることになるので、体力の消耗が激しい。相手が前後にポジションチェンジをしてきた時は、マンツーマンではなく、マークを受け渡して対応するなど、両方の守り方を組み合わせる。

　フリーの選手ができないようにチーム内で約束事や基準をしっかりと決めておくことがポイントになる。

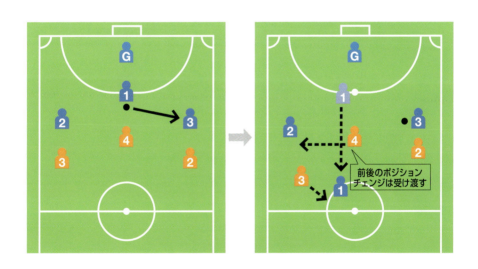

相手が3人でボールを回している時に、底の位置にいた選手（❶）が前に抜ける。ディフェンスの先頭にいる選手（④）は、自分よりも後方（③）にいた味方にマークを受け渡し、高い位置にとどまってプレッシングをかけていく。

プレス回避

第2章 フットサルの基本戦術

プレスをかわして
ボールを前に運んでいく

　プレス回避とは、ゴールクリアランスなど自陣でボールを持った場面で、相手のプレスをかわしてゴール方向へ運んでいくこと。現代フットサルでは、ボールを持っている攻撃側に対してアグレッシブにプレスをかけて自由を与えない戦術が主流となっているので、プレス回避は重要度が高まっている。

　プレス回避のパターンとしては、前線に張るピヴォの選手に長いボールを入れてキープしている間に押し上げる、ボールの動かし方と動き方をあらかじめ決めておく、細かいパスと動きでかわしていくなどがある。

　プレスのやり方はチームによっていろいろなパターンがあって、相手のタイプや、スコア・時間帯によってもかわってくる。指導者はプレス回避のやり方をトレーニングから落とし込んでいくことが大事になる。

シンプルにプレスを飛ばす
ピヴォへのロングボール

　プレスをかけてくる相手に対して何本もパスをつなぐのではなく、ゴレイロからのスローや、後方からのロングボールなどで前線に張っているピヴォに入れるパターン。

　ピヴォが相手を背負った状態でボールをキープしている間に、チーム全体が押し上げていく。シンプルな戦術なので、ターゲットマンになるピヴォへのパスを相手は当然だが警戒してくる。ピヴォの選手にはロングボールを収めて、正確にコントロールすることが求められる。

ピヴォ（④）が相手を背負った状態で前線に張っているところへ、ゴレイロから直接スロー。ピヴォがボールをキープしている間にチーム全体が押し上げていく。ピヴォにはプレッシャーを受けながらも失わずにキープする力が求められる。

プレス回避

あらかじめ動き方を決める
サインプレー

　コーナーキックやフリーキックなどで主に使われるサインプレーだが、プレス回避においても効果を発揮する。ボールの回し方や、動き方をあらかじめ決めておけば、プレスをかけてくる相手に対して、先手をとりやすい。

　特に、ゴレイロからのリスタートでは各選手がポジションをセットするため、サインプレーを行いやすく、そのまま一気にゴール前までボールを運んで、フィニッシュに持っていくパターンを作っているチームもある。

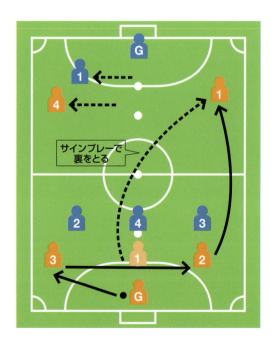

ゴレイロからのリスタート。左サイドの低い位置でボールを受けた③から右サイドの②にパス。前線のピヴォ④は中央から左サイドに移動して右サイドのスペースを空けて、真ん中にいた①が右前方のスペースに走り込んで、②の縦パスを受ける。

「ライン間」でパスを受ける
エントレリネアス

　エントレリネアスというのは「ライン間」を意味するスペイン語。相手の守備と守備のラインの間のスペースに入って、フリーでパスを受けたり、マークの受け渡しのエラーを誘ったりするなどの狙いがある。

　プレス回避の場面においては、相手が高い位置からプレスをかけてきた時に、ボールを持っていない選手がライン間でサポートする。ライン間に入ってきた選手に対しては、マークが曖昧になりやすい。

ボールを持っていない左サイドの③がディフェンスの1列目と2列目の間のスペースにタイミングよく入ってきて②からパスを受ける。③がライン間でパスを受けて前を向くことによって、プレスをかわして数的優位を作り出すことができる。

定位置攻撃

アルトゥール（シュライカー大阪）

第2章 フットサルの基本戦術

相手陣内に入った後の
フィニッシュまでの崩し方

　「定位置攻撃」はスペイン語では「ポジショナル・アタック」ともいう。相手が引いて守ってくる場合や、プレスを回避して相手陣内に押し込んだ後など、スペースがない中でこじ開けることを目的にしたもので、それぞれの選手がスタートポジション（定位置）についた、セットされた状態からスタートする。

　定位置攻撃において重要な役割を担うのが最前線に位置するピヴォ。高い位置でボールをキープすることで相手のディフェンスを下げさせれば、ブロックの外側からのミドルシュート、セカンドポストへのパス、サイドチェンジからの1対1など、フィニッシュまでのバリエーションが生まれる。

　また、定位置攻撃にはポジションが固定されるのでボールを失った後の混乱が少なく、守備の切り替えを行いやすいというメリットもある。

70

タメと深さを作り出す
ピヴォ戦術

　高い位置にポジションをとったピヴォにボールを当てて、時間を作ってから攻撃を仕掛ける戦術。ピヴォへの縦パスはサッカーのクサビと同じ効果があり、相手がボールを見ている間に他の選手がマークを外してフリーになる。ピヴォからの落としに走り込んだり、ファーサイドにパスを出したり、ピヴォを攻撃の起点とすることによってチャンスの幅が広がる。相手を背負った状態でもボールを失わずにキープできるピヴォがいることが必要不可欠。

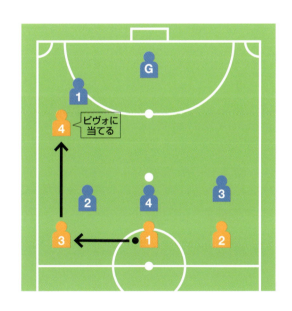

定位置攻撃における最もオーソドックスなパターン。サイドの高い位置にポジションをとったピヴォ④に縦パスを入れる。④は相手のフィクソを背負いながらボールをキープし、その間に他の選手がパスをもらうために動き出して、フィニッシュへ。

定位置攻撃

あえてサイドで「孤立」させる
アイソレーション戦術

　アイソレーションとは、意図的に「孤立」した状態を作って仕掛けさせる戦術的プレーのことで、バスケットボールなどで多用される。サイドで1対1に強い選手がボールを持った時は、あえてサポートに行かず、周りにスペースを空ける。個の力でディフェンスをはがすことができれば、相手はカバーリングのために出てくるので他の選手が空きやすい。そのままシュートを打つ、あるいはフリーになった選手にアシストして、ゴールを狙っていく。

右サイドに1対1に強い選手（②）がいる。左サイドでパスを回して、ディフェンスを片側に寄せておいて、右サイドで②を孤立させる。②がパスを受けた時には、周りにスペースがあるので1対1を仕掛けやすい状態になっている。

フィニッシュまでを自動化する
サインプレー戦術

　サインプレーは定位置攻撃でも相手を崩すための重要なオプションとなる。サインプレーのメリットは、自分たちが動き方をわかっている分、相手よりも先に動き出すことができる。コンパクトになった相手をこじ開けるためには、ちょっとした動き出しの差がゴールにつながるかどうかを分ける。サインプレーは複数のパターンを持っておいて、ボールを持っている司令塔役の選手がサインを出したり、数字を言ったりして何をするかを選択する。

左サイドでボールを持っている③から①へ。①はダイレクトで相手を背負っているピヴォの④に当てる。ピヴォにパスが出たタイミングで、右サイドの②が斜めに走り込んでいく。ピヴォはボールをキープしてから②にパス。

トランジション

第2章 フットサルの基本戦術

フットサルで最も得点が生まれやすい攻守の切り替え

　フットサルには攻撃・攻撃→守備・守備→攻撃・守備という4つの局面がある。最もゴールが生まれやすいのが、攻撃から守備に変わった時と、守備から攻撃に変わった時、いわゆるトランジションの局面。

　「守備から攻撃」のトランジションでは、攻撃側は数的優位な状況のうちに、あるいは正しいポジションをとれていない間に、素早くゴールまで運んでフィニッシュへとつなげる。

　「攻撃から守備」のトランジションでは、守備側は数的不利になっていることが多いので、安易に飛び込むのではなく、パスコースを限定しながら下がり、数的同数に持ち込む。

　攻守の切り替えの意識を高めれば、得点を増やし、失点を減らすことができる。攻守の切り替えが遅いチームは技術で上回っていても勝つことが難しい。

守備→攻撃

数的有利を活かす

ボールを奪った後の数的優位のカウンターの場面。ボールを持っている選手②が真ん中に入って、両サイドの選手が上がっていって3対2の状況を作る。ボールを持っている選手はシュートもしくはフリーになったほうへパスを選択する。

攻撃→守備

数的同数に持ち込む

ボールを奪った後の数的不利のカウンターの場面。ディフェンスの①はボールを持っている選手からのパスコースを限定しながら下がっていく。味方の選手が戻ってくる時間を稼いで数的同数にしたらボールにアタックする。

セットプレー

フットサルの得点の
3〜4割を占める

　セットプレーはフットサルにおいて重要な意味を持つ。シュライカー大阪では、セットプレーからの得点率は3〜4割程度を占めている。

　セットプレーは、パワープレーと同じで独立した要素が強い。そのため、トレーニングの中でも「セットプレーの練習」という時間を設けてプレーの精度を高めることが必要になる。

　ゴールの確率を高めるための重要なポイントが、どんな守備をしてくるのかをスカウティングしておくこと。マンツーマンなのか、ゾーンなのかによって、有効なセットプレーは変わってくるので、必ず2パターンを用意しておきたい。

　スカウティングした上で、その実行役となるのがキッカー。どのパターンを行うかを決めるのは主にキッカーの役目なので、技術はもちろん、試合を読む力に優れていなければいけない。

フィニッシュのパターン

・クイックリスタート
・ボールから近い場所にいる選手のシュート
・ペナルティーエリアの外側からのボレーシュート
・マークを外した選手へのペナルティーエリア内への
　素早いパス

キッカーのポイント

・ボールがピッチを出たらサインを素早く出す
・中の動きを最後まで見る
・一番良いオプションを選ぶ
・正確なパスを出せる（グラウンダー、浮き球）
・パスが通る確率が低いと判断したらゴレイロに下げる

中の選手のポイント

・キッカーからのサインを見逃さない
・素早く初期配置につく
・３人全員がフィニッシュできるポジションをとる
・キッカーが蹴る準備ができたら動き出す
・ブロックとブロック解除をうまく使う

セットプレーの種類

キックイン

最も多く起こるリスタート

キックオフは試合の中で最も多く起こるリスタートの場面。特に、高い位置でのキックインは、ゴールにつながる確率が高い。ショートパスに走り込んでシュートやセカンドポストへのパスを狙うことが多い。

コーナーキック

固定ポイントで再現性が高い

コーナーキックは、蹴る場所が決まっているため、練習した形をそのまま再現することができる。ゴール前の選手が工夫してマークを外したり、遠目の位置からのボレーシュートなどが主なゴールパターン。

フリーキック

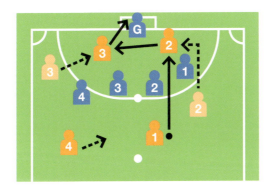

4人が連動して
ゴールを狙う

ゴールが小さいフットサルでは、シンプルに直接打ったり、横パスを出して打ったりするだけでは決まる確率は低い。そのため、4人が連動して動いて、フリーの選手にシュートを打たせる工夫が必要になる。

ゴールクリアランス

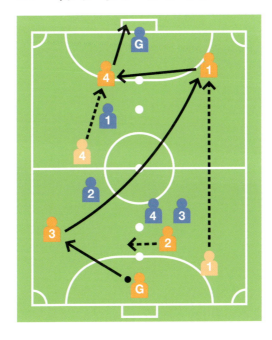

ゴレイロから
スタートする

ゴレイロのスローからフィニッシュにつなげる。相手がゴールクリアランスに対して前からプレスをかけてくる場合は、ダイレクトパスとフリーランニングの組み合わせによって、相手陣内のスペースを突く。

パワープレー

ゴールを狙うための
オプション

　パワープレーはゴレイロの選手が攻撃参加し、5人で攻撃する戦術。足元の技術があるゴレイロであれば、そのまま攻撃参加する場合もあるが、フィールドプレーヤーがゴレイロになって行うことが多い。

　5対4の数的優位の状況を作ることで、安定的にボールを回し、ディフェンスを揺さぶりながら、フィニッシュに結びつけていく。ただし、ゴールが空いているので、ボールを失った場合は大きなピンチになる。

　パワープレーは負けている時にゴールを狙うためのオプションとして使われることが多いが、勝っている時にボール支配率を高める、あるいは格上の相手との試合でリズムを壊すなど、さまざまな目的がある。

　パワープレーをうまく活用すれば、チームにとって大きな武器になる。

パワープレーの条件

- ・負けている時
- ・勝っている時
- ・相手のリズムを壊す時
- ・5ファウルになった時
- ・ゴレイロの足元の技術が高い
- ・相手が退場した時

メンバーに必要な要素

- ・左利きの選手（できれば2人）
- ・ゲームを読める選手
- ・ミドルシュートを打てる選手
- ・正確なパスを出せる選手
- ・ボールを収められるピヴォ

必要な考え方

- ・適切なタイミングで行う
- ・チームのイメージを共有する
- ・我慢強くプレーする
- ・時間と点差を考える
- ・相手の守備システムを見る
- ・フィニッシュのパターンを持つ

パワープレーのシステム

1-2-2

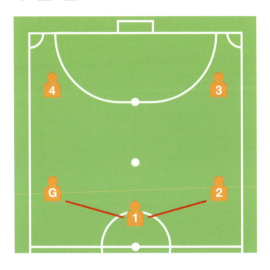

後方の3人で数的優位を作る

両サイドに2人ずつを配置したシステム。後方の3人で数的優位を作りながらボールを回して、前線の選手に縦パスを入れる。縦パスを受けた選手はダイレクトで折り返し、逆サイドの選手が合わせる。

2-1-2

真ん中を経由してパスを供給する

2-2のボックス＋中央の選手というシステム。中央の選手は狭い中でのプレーになるため、ボールを失わない技術と判断が必要になる。真ん中の選手を経由して、フリーになった選手にパスを供給する。

ピラミッド

トライアングルで食いつかせる

最後尾の選手を頂点にして「ピラミッド型」に広がっていくシステム。真ん中のトライアングルでパスを回して、相手を食いつかせておいて、前を向いてのターン、あるいは前線の選手に縦パスを狙う。

オーバーチャージ

片方のサイドに3人を並べる

オーバーチャージは、5人のうちの3人を片方のサイドに並べる形。3人が縦関係になってパスの選択肢を増やしたり、片方のサイドの人数を増やすことで逆サイドを空けたりするなどの狙いがある。

Futsal Tactics Training Design

世界のフットサル戦術

ブラジルとスペインの戦術の違いを生むもの

　フットサルにおいて、世界で「2強」と呼ばれているのがブラジルとスペインです。これまでFIFAフットサワールドカップでは8大会のうち、優勝はブラジルが5回、スペインが2回と圧倒的な強さを誇っています。

　興味深いのは、両国のフットサルには戦術面で大きな違いがあることです。

　ブラジルの場合は、伝統的にピヴォを使った攻撃をスタイルとしています。3-1のシステムで、前線のピヴォに当てて、コンビネーションで崩していく形を多用します。

　一方、スペインではピヴォに当てるよりも、「クワトロ」と呼ばれる、4人が一列に並んだ状態でパスを回しながら裏をとる戦術を行うチームが多いです。

　なぜブラジルとスペインで、このような戦術面の違いが生まれたのでしょうか？　そこにはルールが大きく関係しています。

　ブラジルではフットサルの前身競技であるサロンフットボールでペナルティーエリア内からのシュートが禁止されていました。必然的に、守備側は引いて守るようになり、攻撃側はピヴォの選手が高い位置でクサビのパスを受けて走り込んだ選手がシュートを打つ「ピヴォ当て」という戦術が生まれました。

　スペインに関してはGKからのスローは浮き球でハーフラインを超えてはいけないというルールがありました。そのため、相手は前からプレッシャーをかけてくるようになり、それを回避するために4人が連動したパス回しが発展したのです。また、スローインルールもあったので、セットプレーでは浮き球からのボレーや、ブロックなどが多用されました。

　ルールが統一されても、それぞれの国で行われていた戦術は残っています。

chapter 3

トレーニングプランの組み立て方

プレス回避（3-1）のトレーニング

プレス回避（4-0）のトレーニング

定位置攻撃のトレーニング

数的不均衡のトレーニング

トランジションのトレーニング

ポゼッションのトレーニング

セットプレーのトレーニング

パワープレーのトレーニング

特別な状況のトレーニング（GK がいない）

特別な状況のトレーニング（コートが狭い）

Training Plan 1

プレス回避（3-1）
ピヴォを置いたシステムでプレスを回避するトレーニング

プレス回避の基本パターンが前線にピヴォを置いた「3-1」システムによるもの。
ピヴォの選手にパスを当てるタイミングや、コンビネーションをチームとして高めよう。

ピヴォを使ってプレスを回避する

　自陣でマイボールになって、ゴレイロからボールをつなぐ時や、キックインを行う時に、相手がプレスをかけてくるという状況は、フットサルでは頻繁に起こります。ここでボールを簡単に失ってしまうと、前に運ぶことができず、不利になってしまいます。そのためチームとして「プレス回避」をトレーニングすることが必要になります。

　ピヴォがいる「3-1」のシステムでは、相手陣内のピヴォにパスを入れて、ボールをキープしている間に全体を押し上げるのが一つの狙いになります。

　ただ、プレッシャーを受けた状態では、周りの状況を認知するための時間や、ボールをコントロールするための余裕がなくなってしまうので、ピヴォへのパスの成功率は下がります。

　そのため、チーム内であらかじめ「どうやってプレスを回避するか」というイメージを持っておかなければいけません。ウォーミングアップで意識づけを行ってから、相手をつけずにパスの回し方や動き方を覚えて、それから相手をつけた実戦的なメニューへ移行していきましょう。

プレス回避のイメージをつかむ
ロンド・バレー

| 時間(目安) | 7～10分 | 人数 | FP4人×3チーム | サイズ | 縦25m×横10m | 強度 | 3 |

1

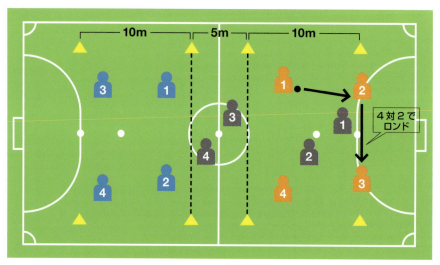

4人ずつの3チームがコートの右・真ん中・左に分かれて、サイドのどちらかのコートでロンド。ディフェンスをする真ん中のチームは、ボールを回しているエリアには2人までしか入れない。

ルール

- パスを5本回してからサイドチェンジをしたら1点
- 真ん中のエリアの2人はパスカットしてもよい
- サイドチェンジをしたら、中央ゾーンの2人がディフェンス
- ディフェンスはボールが地面に落ちるか、相手がボールに触るまで中央ゾーンから出られない
- ミスをしたらコーチが反対側のコートにボールを入れる

指導者へのアドバイス

前からのプレスを
かわすイメージで！

2

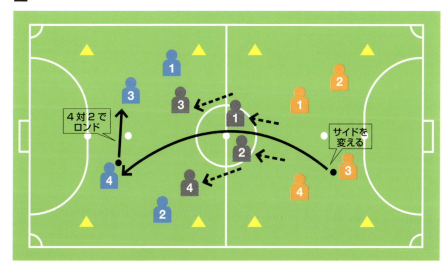

ボールを持っているチームは5本以上パスをつないだら、サイドチェンジできる。真ん中のエリアに残っているディフェンスの選手は、パスカットをしてもいい。

Coaching Point
→ バレーボールのイメージ

　これはロンドの変化形のメニューです。片方のコートでパスを回して、もう片方のコートにボールを飛ばしてラリーをするバレーボールのようなイメージです。

　大事なのはパスを回すだけでなく、サイドチェンジで大きくボールを蹴るという要素が入っていること。これは試合中に相手が前からプレッシャーをかけて来たのを、ロングボールでかわすというプレーのトレーニングになっています。

| トレーニングの種類 | アナリティック | **グローバル** | インテグラル |

プレス回避のイメージをつかむ
ロンド・バレー

1

実際の動きを見てみよう

3チームが右・真ん中・左に分かれて片方のゾーンで4対2のロンド

ボールを持っているチームは5本パスを回したらサイドチェンジをできる

中央のゾーンにいた2人がディフェンスに行く

Coaching Point
→ ゲーム的要素を入れる

　4対2のロンドをしながらも、サイドチェンジをするという目的を入れることによって、遠くを見ながらプレーする、ロングボールを蹴るという現象が出ます。
　3チームがローテーションして、それぞれ攻撃と守備の回数が同じになるようにして、5本パスをつないでサイドチェンジをしたら1点というルールにして競わせます。ゲーム的要素があって盛り上がるので、ウォーミングアップに最適です。

ディフェンス側がパスをカットしたら……

コーチが反対側のコートに新しいボールを入れる

中央のゾーンにいた2人がディフェンスに行って4対2のロンド

ピヴォに当てる形を覚える
3-1（アナリティック）①

| 時間（目安） | 7〜10分 | 人数 | FP4人＋GK2人 | サイズ | フルピッチ | 強度 | 1 |

底でボールを持った①が左サイドの③にパスを出す。③はダイレクトで相手陣内のピヴォ④に当てる。ボールをキープしている④に3人が絡んで、フィニッシュへ。

ルール	・ゴールクリアランスからスタート
	・サイドの選手からピヴォに当てる
	・ピヴォに当ててフィニッシュまで行く
アレンジ	・動きのバリエーションを増やす
	・全員が触らないとシュートできない

Coaching Point

→ ピヴォに当てた後の動き出し

　ゴールクリアランスから、ピヴォにパスを出すまでのパターンを、相手をつけずに行うメニューです。相手がいないので、プレーの成功率は高くなりますが、「何となくやっている雰囲気」になってしまうことも。

　そのため、デモンストレーションで、パスを出すタイミングや、ピヴォに当てた後の動き出しなどをデモンストレーションで見せて、意識するポイントを伝えてあげることが大事になります。

実際の動きを見てみよう

1

GKからスタート。フィクソが左サイドのアラにパスを出す

2

左サイドのアラから前線のピヴォにダイレクトで当てる

3

ピヴォにパスを出すと同時に前に上がってフィニッシュへ

ピヴォに当てる形を覚える
3-1（アナリティック）②

| 時間(目安) | 7〜10分 | 人数 | FP4人+GK2人 | サイズ | フルピッチ | 強度 | 1 |

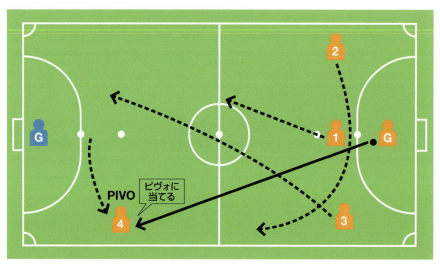

GKがボールを出す前に自陣にいる3人が動き出す。GKがサイドに動いたピヴォ④にスローを入れる。ボールをキープしている④に3人が絡んで、フィニッシュへ。

ルール	・ゴールクリアランスからスタート
	・ピヴォの選手がどちらのサイドに動く
	・GKからピヴォにスローで入れる
アレンジ	・動きのバリエーションを増やす
	・全員が触らないとシュートできない

第3章 トレーニングプランの組み立て方

Coaching Point

→ ピヴォの動きをよく見る

　ピヴォを使ってプレスを回避するパターントレーニングです。GKからつなごうとしたところへ、相手が前からプレッシャーをかけてきたと想定し、GKがピヴォに直接スローで出します。

　ピヴォの選手はサイドのスペースに動いたところへ、タイミング良く投げられるかが重要です。ピヴォ以外の選手は、ボールの移動中に前に動いて、リターンを受けてフィニッシュします。

実際の動きを見てみよう

GKからスタート。ピヴォが右サイドに移動する

GKがスローでピヴォの足元へ直接ボールをつける

ピヴォがボールをキープしてから走り込んだ選手にパス

高い強度のプレスをかわす
4対4＋2ピヴォ

| 時間(目安) | 15〜20分 | 人数 | FP4人×2チーム＋ピヴォ（フリーマン）＋GK2人 | サイズ | フルピッチ | 強度 | 4 |

1

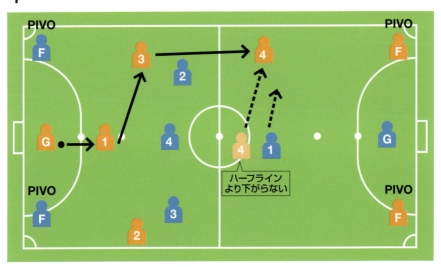

ゴールクリアランスからスタート。ピッチ内は4対4で、それぞれ両サイドに2人ずつフリーマンがいる。相手陣内にいる選手④はハーフラインより下がることができない。

ルール
- ゴールクリアランスからスタート
- ボールがハーフを超えたら自分たちの攻撃側にいる2人のピヴォを使ってもいい
- フリーマンは2タッチ以内、アシストのみ
- ピヴォはハーフラインより下がれない
- ハーフを超えたらフリーで動ける

> 指導者へのアドバイス
> ピヴォに当てるパターンを
> 出せているかを見よう！

2

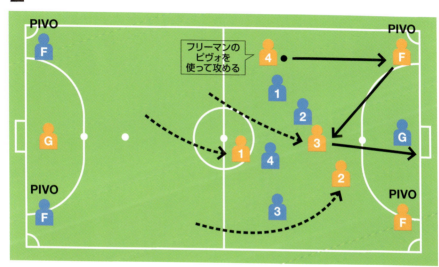

フリーマンのピヴォを使って攻める

ボールがハーフを超えたら、フリーマンにパスを出してもいい。フリーマンにパスが入ったら、攻撃側の選手たちはフィニッシュのパスを受けるためにゴール前に走り込む。

Coaching Point

→ ピヴォは下がれない

　4対4＋フリーマンのピヴォを置いたゲーム形式のメニューです。ピヴォの選手はハーフラインより下がれないというルールをつけるので、自陣では3対3の状態になります。プレスをかわすためには、いかに前線のピヴォにパスを出せるかがポイントです。

　フリーマンのピヴォを使うかどうかは自由です。ただし、ピヴォに当てるという選択肢を持ちながらプレーしているかをチェックしましょう。

| トレーニングの種類 | アナリティック | グローバル | **インテグラル** |

高い強度のプレスをかわす
４対４＋２ピヴォ

4

実際の動きを見てみよう

ピッチ内は4対4。それぞれの攻撃側にフリーマンのピヴォがいる

ボールを持っているチームは、前へのパスを狙う

ピヴォの選手がサイドのスペースに流れたところへ縦パス

Coaching Point
→ ## 共通意識を持つ

相手陣内にパスが入ってからのプレーには、そのまま最短距離でフィニッシュに行く、もしくは味方の上がりを待つという大きく2つがあります。

前線でパスを受けたピヴォの選手は、後ろの選手の状態を見て、攻め切るのか、やり直すのかを判断します。

チームとして共通意識を持って、ボールを押し上げていきながらフィニッシュに行きましょう。

相手陣内でパスを受けたら、ピヴォ（フリーマン）に当てる

ピヴォ（フリーマン）に当たったら、パスをもらうために動き出す

数的優位を活かしてフィニッシュに持ち込む

3-1の状況でプレーする
4対4条件付き

5

| 時間(目安) | 15〜20分 | 人数 | FP4人×2チーム+GK2人 | サイズ | フルピッチ | 強度 | 5 |

第3章　トレーニングプランの組み立て方

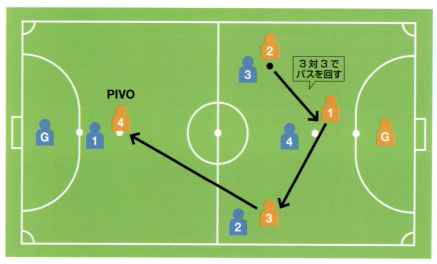

ピヴォと相手のフィクソは攻撃方向のハーフにいなければいけないという条件付きでの4対4。攻撃側は3人でパスを回しながら、タイミングを見計らってピヴォに当てる。

ルール
- 基本的には通常のゲームと同じ
- ゴールクリアランスや自陣のキックインの時は、ピヴォはハーフラインを超えて自陣に下がれない
- ボールがハーフラインを超えたら自由に動いていい
- ボールが切れたらGKからスタート

アレンジ
- ゴールをとったら攻撃側に第2PKが与えられる

Coaching Point

→ 現象を出しやすくする

　3-1のプレス回避のメインメニューです。通常時のゲームと基本的には同じルールですが、ゴールクリアランスや自陣でのキックインの状態では、ピヴォと相手のフィクソが攻撃方向のハーフにいなければいけないという条件があります。

　攻撃側は3-1の状況で、相手のプレスをかわして前線へのパスを狙います。ここまでのトレーニングで出してきたことを意識しましょう。

実際の動きを見てみよう

どちらもピヴォを置いた3-1のシステムでプレーする

ボールを持っているチームはピヴォの選手への縦パスを狙う

フィクソがピヴォへのパスをカット。カウンターを仕掛ける

Training Plan 2

プレス回避（4-0）
ピヴォを置かないシステムでプレスを回避するトレーニング

プレス回避にはクワトロ（4-0）と呼ばれる
システムで回避する方法もある。
4人が連動してボールを回しながら、
相手陣内にボールを運んでいくプレーを身につける。

プレッシャーの中で技術と判断のスピードを上げる

　前線にいるピヴォにパスを当ててプレスをかわす3-1に比べて、ピヴォを置かない4-0（クワトロ）のプレス回避では4人の連動性が必要になります。

　ボールを持った選手に対して、他の3人がサポートの動きや、裏に抜ける動き、マークを引きつける動きを繰り返して、相手のプレスをずらしていくというプレーを狙っていきます。4-0のプレス回避で重要になるのが「ライン間でのプレー」です。相手の1列目と2列目の間にできるスペースに入ってパスを受けるプレーができれば、数的優位な状況を作ることができます。

　プレッシャーがかかった状況での技術・判断のスピードを高めることが求められるので、ディフェンスがしっかりと寄せて強度を高くすることがポイントです。

　メインメニューの「4対4条件付き」は2種類ありますが、同じ4対4であってもルール（条件）を変えることによって、出てくる現象も変わります。チームとして強化したいポイントに合わせて、どちらかを選んでもいいし、それぞれの時間を短めにして両方をやってもいいと思います。

トレーニングの種類 —— アナリティック **グローバル** インテグラル

プレス回避のイメージをつかむ
ロンド・バレー

| 時間(目安) | 7〜10分 | 人数 | FP4人×3チーム | サイズ | フルピッチ | 強度 | ■■■□□ 3 |

1

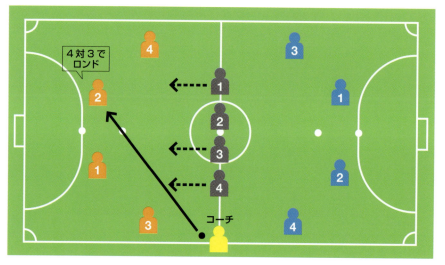

4人ずつの3チームがコートの右・真ん中・左に分かれる。ディフェンスは真ん中のチームで、センターのライン上に並ぶ。コーチからどちらかのチームにパスが出る。

ルール
- パスを5本回してからサイドチェンジをしたら1点
- 真ん中の選手はライン上を動いてインターセプトできる
- ディフェンスの3人はボールを奪った後、反対側に飛ばしたら1点
- ディフェンスはボールが地面に落ちるか、相手がボールに触るまで中央ゾーンから出られない
- ミスをしたらコーチが反対側のコートにボールを入れる

> **指導者へのアドバイス**
> ボールを持っていない選手の
> サポートの動きが重要！

2

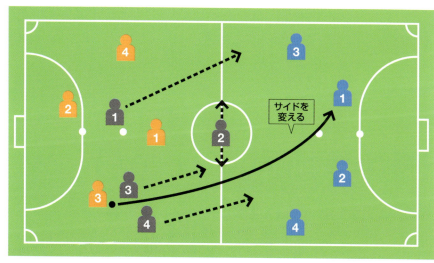

オフェンスは5本つないでサイドチェンジをしたら1点。ディフェンスはボールを奪ってからサイドチェンジをしたら1点。3チームでローテーションして合計得点を競う。

Coaching Point
→ パスコースを作る

プレス回避（3-1）でも入っていたロンドと同じ形ですが、これはクワトロ（4人が並んだ形）で行います。ボールを持っていない選手が、どれだけ素早く、タイミング良くサポートできるかが重要になります。

ロンドは遊びっぽいテンションになりがちです。楽しむことは良いのですが、強度が落ちてはいけません。「サイドチェンジをしたら1点」など競争の要素を入れて、プレーの強度を高く保つ工夫をしましょう。

| トレーニングの種類 | アナリティック | **グローバル** | インテグラル |

プレス回避のイメージをつかむ
ロンド・バレー

1

実際の動きを見てみよう

3チームが右・真ん中・左に分かれる

コーチがボールを出す。ディフェンスは4人のうち3人が自由に動ける

4対3でロンド

ボールがあるコートで4対3のロンド

Coaching Point

→ ライン間での動きを多く出す

このロンドは4-0システムでのプレス回避を高めるための導入となるメニューです。

ディフェンスは3人でプレスをかけてくるので、オフェンスにとっては数的優位な状況になります。

現象として出したいのはディフェンスとディフェンスの間（ライン間）でボールを受けるプレーです。ボールを持っていない選手に「どこでパスを受けられる？」と考えることをうながしてもよいでしょう。

ボールを持っているチームは4-0（クワトロ）のシステムでプレーする

5本パスをつないで、サイドチェンジをできたら1点

サイドチェンジをしたら反対側のコートで同じように4対3

裏をとるパターンを覚える
4-0（アナリティック）①

| | 時間(目安) | 7～10分 | 人数 | FP2人＋GK | サイズ | フルピッチ | 強度 | ■□□□□ 1 |

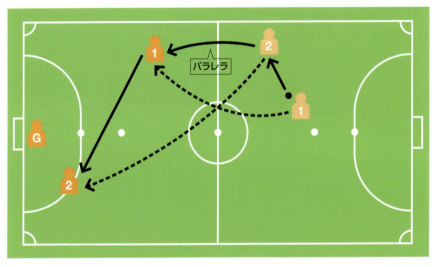

①がボールを持っているところからスタート。サイドの②にパスを出した後、斜め前方に走っていく。②はサイドラインと平行に浮き球のパス。高い位置で受けた①はシュートもしくは、ファーサイドに詰めた②にパスを出す。

ルール	・2人1組でパス交換をする
	・2人のコンビネーションでフィニッシュに行く
アレンジ	・シャドーでディフェンスをつける

Coaching Point

→ パスと動きのタイミングを合わせる

　クワトロの主な攻撃パターンは相手のプレスをかわして、背後のスペースをとること。その中でも代表的なのが「パラレラ」です。サイドラインと平行に縦パスを出して、斜めに走った選手が受けるというものです。

　フットサルの王道パターンですが、パスの出し手と受け手がタイミングを合わせなければつながりません。まずは相手をつけずに何度も行うことによって、崩し方のイメージを高めます。

実際の動きを見てみよう

2人が同じサイドに並んだ状態からスタート

パスを出した選手が斜めに抜けて行き、縦パスをもらう

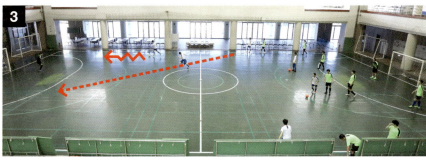

サイドでボールを受けた選手がシュート、もしくはファーに走った選手へパス

ライン間での受け方を覚える
4-0（アナリティック）②

| 時間(目安) | 7〜10分 | 人数 | FP4人+GK | サイズ | フルピッチ | 強度 | ■□□□□ 1 |

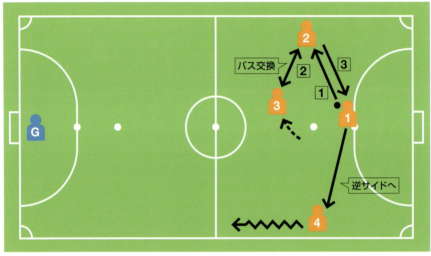

ボールを持っている①からサイドの②にパス。②はサポートに入った③とパス交換して①にリターン。①から④にサイドチェンジ。パスを受けた④は縦にドリブル。

ルール	・4人が「おわん」の形に並んだ状態からスタート
	・同じサイドの3人でパスを回す
	・ディフェンスとディフェンスの間でパスを受ける
	・ポジションをローテーションする
アレンジ	・シャドーでディフェンスをつける

Coaching Point

→ イメージを共有させる

パスを回す時の基本的な動き方を反復するアナリティックなメニューです。クワトロで重要になるのがディフェンスとディフェンスの間、「ライン間」と呼ばれるスペースでパスを受けること。

相手をつけずに行うことによって、どんなタイミングで動くのか、どうやってパスをつなぐのかをイメージとして共有させます。それをすることで、この後の相手をつけたメニューで現象が出やすくなります。

実際の動きを見てみよう

ボールを持っている選手①がサイドの選手②にパスを出す

②にボールが入ったタイミングで、③が寄ってワンツー

②から①へパス。①は反対側にいる④へサイドチェンジ

| トレーニングの種類 | アナリティック | グローバル | **インテグラル** |

「2人組の関係」を高める
4対4条件付き①

4

| 時間(目安) | 15〜20分 | 人数 | FP4人×2チーム+GK2人 | サイズ | フルピッチ | 強度 | 5 |

1

通常のゲームと同じように4人＋GK1人の2チームで行う。コートを真ん中で縦に割るようにマーカーを設置する。自陣ではオフェンスもディフェンスも反対側のサイドに入ることができない。

ルール	・オフェンスもディフェンスも同じサイドに2人ずつしか入れない ・プレー中は反対側のサイドに移動することはできない ・ボールが切れたらマイボール側のGKからスタート ・ハーフを超えるGKからのスローは禁止
アレンジ	・ボールを奪ったら自陣にバックパスしてスタート ・ボールを奪ってからのカウンターを禁止 ・GKはカバーリング禁止

第3章 トレーニングプランの組み立て方

112

指導者へのアドバイス

アナリティックでやったことを出そう！

2

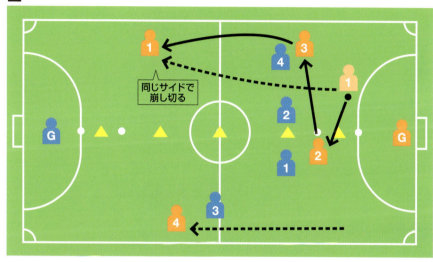

同じサイドで崩し切る

ディフェンスは高い位置からプレスをかける。それに対して、オフェンス側は自陣内でパスを回して引きつけてから、相手の背後のスペースを狙う。相手陣内にボールを運んだら素早くフィニッシュへ。

Coaching Point

→ 考える時間を与えない

　自陣にいる時は、オフェンスもディフェンスも反対側のサイドに移動できないというルール（条件）をつけたゲームです。これによって2対2にして、2人のコンビネーションでサイドを突破するプレーを多くするという狙いがあります。

　プレスがかかった状態では、たくさんの選択肢から、ゆっくりと考える時間は与えられません。そのぶん、アナリティックで何度も行ったパターンを出しやすくなります。

| トレーニングの種類 | アナリティック | グローバル | **インテグラル** |

「2人組の関係」を高める
4対4条件付き①

4

実際の動きを見てみよう

最初にいるサイドから移動できないという条件をつけた4対4

反対側のサイドへの移動はできないが、パスを出すことはできる

プレスがかかっているので、寄せられる前に素早くパスを出す

Coaching Point
→ **プレスの強度を保つ**

　同じサイドでしか動けないという"縛り"を与えることによって、4対4ですがピッチ上では2対2の構図になります。ただし、ポジションの移動はできませんが、違うサイド同士でもパスを交換することはできるので、複数の選手が絡むと崩しやすくなります。

　プレスの強度によってトレーニングの質が決まるので、指導者はボールを持った選手にディフェンスがプレスをかけているかをチェックしましょう。

真ん中の後方にいた選手が斜め前方のスペースに走り込む

ボールを持った選手がサイドラインと平行に縦パス

相手陣内の高い位置でボールを受けてフィニッシュへ

「ライン間」の意識を高める
4対4条件付き ②

| 時間（目安） | 15〜20分 | 人数 | FP4人×2チーム+GK2人 | サイズ | フルピッチ | 強度 | 5 |

1

通常のゲームと同じように4人+GK1人の2チームで行う。ただし、ディフェンスは相手陣内には2人しか入れない。オフェンスは自陣で4対2の状況になる。

ルール	・ディフェンスは相手陣内には2人までしか入れない
	・ボールが切れたらマイボール側のGKからスタート
	・ハーフを超えるGKからのスローは禁止
アレンジ	・ボールを奪ったら自陣にバックパスしてスタート
	・ボールを奪ってからのカウンターを禁止

指導者へのアドバイス
どこが空くか？ を意識させよう

2

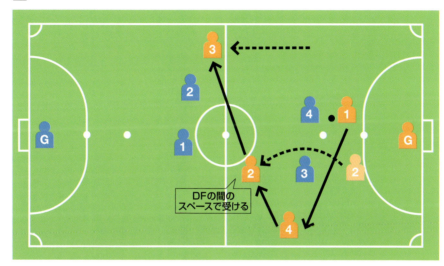

オフェンスは数的優位な状況を生かして、プレスに来るディフェンスと、相手陣内で待機しているディフェンスの間のスペースを活用して崩す。

Coaching Point

→ 2-2 ゾーンの崩し方

4対4条件付き①では相手が高い位置からマンツーマンでプレスに来た状態を想定しましたが、4対4条件付き②では相手が前に2人、後ろに2人の2-2のゾーンディフェンスを作っている状態を想定します。

相手の守り方によって、有効な崩し方は変わってきます。2-2の場合は、1列目と2列目のディフェンスの間にできる「ライン間」でパスを受けて、数的優位を作って仕掛けることが重要です。

トレーニングの種類 ── アナリティック グローバル インテグラル

「ライン間」の意識を高める
4対4条件付き② 5

実際の動きを見てみよう

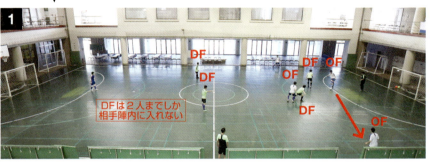

ディフェンスは2人しか相手陣内に入れない条件付きでの4対4

オフェンスは1列目と2列目の間にできるスペースを活用する

4対2の数的優位なのでライン間に入ればフリーで受けられる

Coaching Point

→ コーチングも一貫する

このトレーニングでは「ライン間」のスペースをどれだけ活用できているかにフォーカスしてコーチングを行いましょう。もしも、指導者が守備のエラーを指摘すれば、トレーニングの目的がぼやけてしまい、選手にも良い影響を与えません。

クワトロ（4-0）でのプレス回避を高めるというトレーニングの目的が一貫している以上は、指導者のコーチングも一貫していなければいけません。

ライン間でパスを受けて、相手を引きつけてからサイドへ

サイドの選手がパラレラで縦のスペースに出す

相手陣内での数的優位を活かしてフィニッシュに持ち込む

Training Plan 3

定位置攻撃
相手陣内に入った後の崩し方のトレーニング

相手陣内にボールを運んで、
押し込んだ状態でのプレーが「定位置攻撃」。
相手が引いて守ってくることが予想される時に、
どうやって攻略するかを落とし込んでいく。

相手陣内に入った後の崩し方の精度を高める

　フットサルで得点をとるためには、ピヴォの選手を活用することが重要になります。優秀なピヴォの選手がいるかいないか。それによって、チームの戦術が変わるといっても過言ではありません。

　とりわけ、ピヴォの必要性が高まるのが相手陣内にボールを運んだ後の「定位置攻撃」です。ハーフまで相手を押し込んだ状態なので、広いスペースはありません。それでも、ピヴォにボールを当てられれば、味方の選手たちはマークを外して容易にフィニッシュに持ち込めます。

　もちろん、相手もピヴォに当てさせないように守ってくるので、チームとしてタイミングをずらしたり、パスコースを作り出したりといった工夫をしなければいけません。

　このトレーニングプランは、ピヴォを見る習慣をつけること、ピヴォにパスを出すタイミングをつかむこと、ピヴォに当ててからフィニッシュに行くことをコンセプトに組み立てています。

　相手が引いて守ってくることが予想される時や、自分たちがボールを持つ時間が長くて押し込んでプレーすることが多くなる時にやってみましょう。

トレーニングの種類

心肺機能とリズムを上げる
ロンド（4対2）

| 時間（目安） | 5～7分 | 人数 | 6人 | サイズ | 正方形（縦5～8m×横5～8m） | 強度 | 2 |

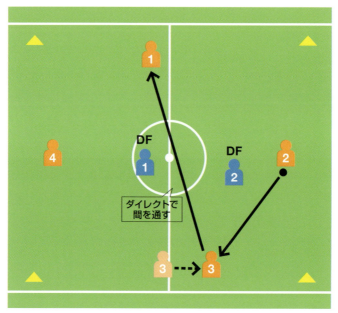

正方形のコートを作って、4対2でパスを回す。2タッチ以内でボールを回しながら、ディフェンス2人の間を通す、ピヴォ当てをイメージしたパスを積極的に狙う。

ルール
- タッチ数は2タッチ以内
- グリッドのライン上を移動できる
- ディフェンスは間を2回通されたら腕立て伏せ

アレンジ
- オフェンスは1タッチ、2タッチ交互
- ダイレクト・ダイレクトは禁止
- グリッドの上でプレーする（ボックスにする）

Coaching Point

→ 選手に目的を伝える

「鳥かご」とも呼ばれるロンドは、ウォーミングアップに最適なメニューです。ただ、ロンドは遊びっぽい雰囲気になりがちなので、指導者は、「何のためにやるのか？」を選手にしっかり伝えてあげることが重要です。

目的意識があれば、選手たちのトレーニングへの姿勢は全く違ったものになります。「今日は引いている相手を崩すことをテーマにする。じゃあ、どんなプレーを狙う？」と問いかけてもよいかもしれません。

実際の動きを見てみよう

ディフェンスはボールを持っている選手にアプローチする

ボールを持っていない選手はパスを受けやすい場所に動く

ディフェンスの間を狙ってダイレクトでパスを通す

| トレーニングの種類 | アナリティック | グローバル | インテグラル |

ピヴォに当てるイメージをつかむ
ピヴォ当て（アナリティック） 2

| 時間(目安) | 7〜10分 | 人数 | FP2人+ピヴォ+GK | サイズ | 縦20m×横20〜30m | 強度 | 3 |

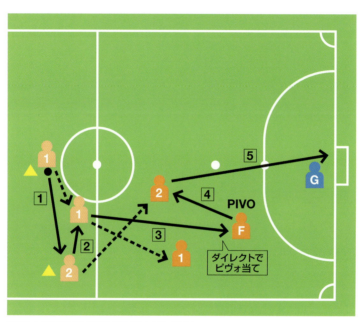

①がサイドの②にパスを出す。パスを出した後、②はフェイクをしてから①の方にゆっくりと寄っていって、②からのリターンパスをダイレクトでピヴォに当てる。

ルール
・サイドの選手はダイレクトで落とす
・パスを出した選手はフェイクをする
・ピヴォにダイレクトで当てる

アレンジ
・ディフェンスを立たせる
・手でボールを持ったディフェンスをつける
・ピヴォの選手にディフェンスをつける

Coaching Point

→ リズムをつかませる

　ピヴォにパスを当てるときは、チーム全体でイメージを共有しておく必要があります。そのために、相手選手をつけずに行うのが、このメニューです。

　真ん中の選手がサイドにパスを出して、フェイクをしてからボールの方に寄って行き、リターンをダイレクトでピヴォに当てる。ピヴォに当てたら、クロスする動きで前に出て行き、ピヴォからのパスを受けてフィニッシュに行きます。

実際の動きを見てみよう

中央からサイドにパス。ボールを受けた選手は中にリターン

ボールに寄っていって、ダイレクトでピヴォに当てる

ピヴォの選手は2人のどちらかにパス、もしくは自分でシュート

ピヴォを使ってフィニッシュに行く
2対2＋ピヴォ

3

| 時間（目安） | 1分半×3セット | 人数 | FP4人＋ピヴォ（フリーマン）4人＋GK2人 | サイズ | 縦20m×横20m | 強度 | 5 |

ゴールクリアランスからスタート。ピッチ内は2対2で、両サイドにフリーマンのピヴォを置く。オフェンスはボールを回しながら、フリーマンのピヴォへのパスを狙う。

ルール
- ピヴォのフリーマンは2タッチ以下、アシストのみ
- 必ずフリーマンを使ってフィニッシュ
- フィニッシュは2タッチ以内で行う
- ボールが切れたらマイボールのGKからスタート
- GKはフリーマンへのパスカットはできる
- GKからのピヴォへのスローは禁止

> **指導者へのアドバイス**
> ピヴォを見ながらプレーしているかを
> チェックしよう！

2

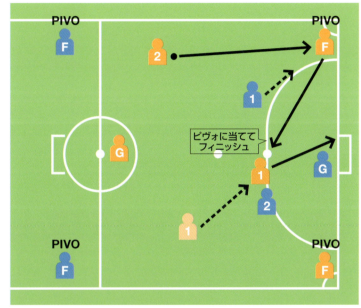

オフェンスは、フリーマンのピヴォに当ててからでなければシュートを打てない。ピヴォにボールが入ったら、オフェンスは攻撃のテンポを上げてフィニッシュに行く。

Coaching Point
→ ピヴォを見る習慣をつける

　ウォーミングアップとアナリティックなトレーニングで、ピヴォにパスを当てるという意識づけを行った上での2対2です。ピヴォ（フリーマン）を左右に置くので、変則的な4対4とも言えます。

　大事なのはピヴォを常に見てプレーすることです。ピヴォがボールに触ってからでなければフィニッシュができないので、必然的にピヴォを見る習慣がつきます。ピヴォを見ながらプレーしているかをチェックしましょう。

| トレーニングの種類 | アナリティック | グローバル | **インテグラル** |

ピヴォを使ってフィニッシュに行く
2対2＋ピヴォ

3

第3章　トレーニングプランの組み立て方

実際の動きを見てみよう

ピッチ内は2対2。フリーマンのピヴォを2人ずつ置く

ボールを持っている方はピヴォを見ながらプレーする

両サイドにいるピヴォのどちらにパスを出してもよい

128

Coaching Point

→ ラストパスの質を高く

フリーマンのピヴォはその場から動かないので、ラストパスの質を高めなければいけません。どこに出すのか（右足なのか左足なのか）、どのぐらいの強さで出すのかを考えながらパスを出しましょう。

ピヴォにパスを出した後のポイントは、2人の動きがかぶらないようにすること。1人がニアのコースに侵入していったら、もう1人はファーに入るなど、お互いの動きを見ながら、どこに自分が行くのかを決断します。

パスコースができた瞬間に素早く縦パスを入れる

ピヴォに当たったらフィニッシュに行くために動き出す

ピヴォからのパスにタイミングを合わせてシュート

ピヴォに当てて攻める
4対4（2球）

時間（目安）	15〜20分	人数	FP3セット（12〜16人）+ GK	サイズ	フルピッチ	強度	4

1

ハーフラインまでディフェンスが引いた状態からスタート。ピヴォをマークするフィクソはボールを両手で持っている。オフェンスは3人で回しながらピヴォ当てを狙う。

ルール	・攻撃はハーフからスタート
	・フィクソは手にボールを持つ（両手）
	・ボールが切れたらフィクソが 　手に持っているボールを転がして攻める
アレンジ	・ボールが切れたらコーチから2球目を入れる
	・フィクソ以外の選手がボールを持つ

2

> **指導者へのアドバイス**
> ピヴォに当てる現象が
> 多く出ているかを見極める！

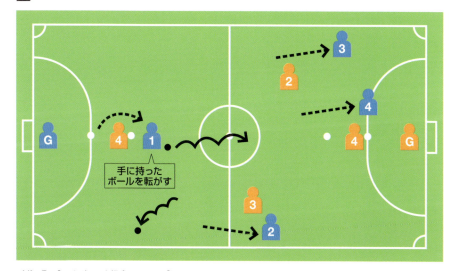

ピヴォ④に入ったボールを相手のフィクソ❶がインターセプトする。フィクソ❶は、攻守が入れ替わったら、手に持っているボールを地面に転がしてカウンター。

Coaching Point
→ 攻撃側に有利な状況にする

　定位置攻撃をテーマにしたトレーニングの中でのメインメニューです。ゲーム形式ですが、フリーでやらせるのではなく、その中にルール設定や条件をつけることで、より狙いを強調します。

　ボールを持っているフィクソはプレーが制限されるので、ピヴォの選手へのマークが難しくなります。攻撃側としてはピヴォと相手フィクソのところが狙い目になるので、積極的にピヴォへのパスを狙っていきましょう。

| トレーニングの種類 | アナリティック | グローバル | **インテグラル** |

ピヴォに当てて攻める
4対4（2球）

4

実際の動きを見てみよう

相手をハーフまで押し込んだ状態からスタート

相手のフィクソの選手は手にボールを持っている

横の揺さぶりでパスコースを作ってピヴォに縦パスを当てる

Coaching Point

→ トレーニングの成果を出す

　ゲーム形式の練習では、漠然とやるのではなく、何がテーマなのかを理解した上で行わなければいけません。
　ただし、通常のゲームと同じルール設定だと、なかなか現象が出ません。そのため、フィクソが手にボールを持つなどの、"ハンデ"を与えることで、現象を出しやすくします。
　オフェンスはピヴォにパスが入ったら、これまでのメニューでやってきた形からフィニッシュに行きましょう。

だが、フィクソが前に出てピヴォへのパスをインターセプト

フィクソは手に持っていたボールを落として攻撃を仕掛ける

ボールを失ったチームは素早くディフェンスに切り替える

Training Plan 4

数的不均衡
数的有利・不利の状況での攻め方・守り方のトレーニング

5人でプレーするフットサルでは数的有利・不利の局面でのセオリーを正しく理解しなければならない。「数的不均衡」における技術・戦術を高めるためのメニューとは。

トランジションの要素を盛り込んで実戦的にする

　フットサルの試合中には数的有利・不利、いわゆる「数的不均衡」の状況がたくさん起こります。例えば、攻撃の時の3対2や、2対1になった時に、どうすればゴールに結びつけることができるのか。あるいは、守備の人数が少ない2対3や1対2になった時に、どうすればピンチを防ぐことができるのか。数的不均衡の状況をトレーニングで何度も経験しておけば、プレーの再現性が高まります。

　トレーニングプランとしては、まずは数的有利・不利になっている場面を切り取ったトレーニングから始めて、そこにトランジション(攻守の切り替え)の要素を入れていきます。

　攻撃側が数的有利になっていても、実際の試合では相手が戻ってくるので、素早くフィニッシュしなければ、相手の守備が整って得点の確率は下がってしまいます。そのため、ずっと数的有利のままにするのでなく、守備側が戻ってきたら数的同数になるように設定し、攻撃側が素早くフィニッシュする必要性を出します。試合で起こる現象をトレーニングでいかに作り出せるかが重要です。

2対1の攻め方・守り方を覚える
2対1（3エリア）

時間（目安）	人数	サイズ	強度
7〜10分	OF2人 +DF3人	7m×7mのグリッドを3つ	2

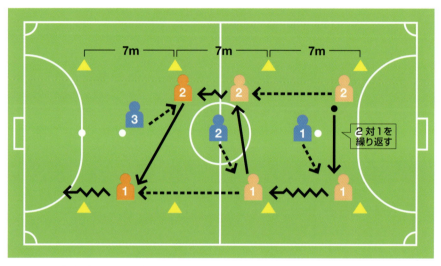

7m×7mの正方形のグリッドを3つ作って、2対1を連続で行う。ディフェンスは自分のグリッド内から出ることはできない。オフェンスはボールを奪われた選手が、ディフェンスとして残る。

ルール
- オフェンスはグリッドの中でプレーする
- タッチ数はフリー
- それぞれのグリッドにディフェンスが1人ずつ入る
- ディフェンスは自分のグリッド内から出られない
- ボールを奪われた選手はディフェンスで残る

アレンジ
- オフェンスは2タッチ以内でプレー
- グリッドの大きさを狭める

Coaching Point

→ ボールを運びながら相手を見る

2対1のパス回しを連続して行うメニューです。攻撃側はディフェンスに引っかからないように、ボールを運びながら相手を見ることが大事です。ディフェンスがパスを切ってきたらドリブルで運びましょう。

守備側は数的不利の状況で行うのか行かないかの判断をしなければいけません。次のグリッドにいるディフェンスは、抜かれた後にカバーリングに行けるポジションをとって準備しておきます。

実際の動きを見てみよう

2対1をスタート。1人目のディフェンスをドリブルで縦にかわす

2人目のディフェンスが寄せてくる前にパス

3人目のディフェンスの足に引っかからないようにパスを通す

フィニッシュの意識を高める
2対1（2ゴール）

| 時間(目安) | 7〜10分 | 人数 | OF2人+DF2人+GK2人 | サイズ | フルピッチ | 強度 | ■■□□□ 2 |

1

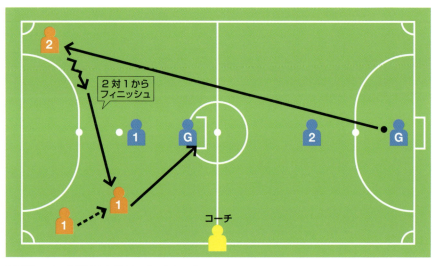

GKがオフェンスのどちらかにグラウンダーでスローを投げる。ボールをコントロールしたところから2対1がスタート。シュートが決まったら攻撃側は変わらず、シュートが外れたらオフェンスとディフェンスが入れ替わる。

ルール
- GKがスローもしくはフィードでオフェンスのどちらかの足元に出す
- シュートを決めたら、オフェンスは次の2対1に進める
- シュートを外したら、外した選手はディフェンスになって、ディフェンスがオフェンスになって2対1
- 1回目のフィニッシュが終わったら、コーチがボールを入れる

指導者へのアドバイス

シュートまでの決断スピードを上げる！

2

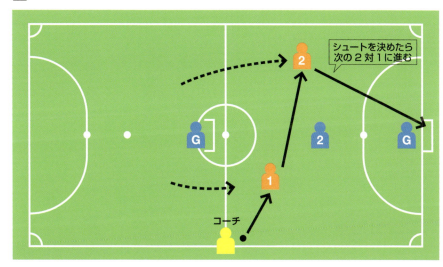

最初の2対1が終わったら、サイドにいるコーチがどちらかの選手にパスを出す。パスを受けたら、そこから2回目の2対1がスタート。シュートを外したら、その選手がディフェンスとして残る。

Coaching Point
→ トランジションの要素もある

　ゴールをセンターサークルと通常の位置に同じ向きで2つ並べて、どちらにもGKをつけます。オフェンスは数的優位な状況になりますが、ゴールまでの距離が近いので、素早くプレーの決断をしなければいけません。

　パスを出すのか、シュートを打つのか、ゆっくり考えていたら、どんどん決まる可能性が低くなってしまいます。また、シュートが外れたらディフェンスがオフェンスになるのでトランジションの要素もあります。

トレーニングの種類 —— アナリティック グローバル **インテグラル**

フィニッシュの意識を高める
2対1（2ゴール）

実際の動きを見てみよう

ゴールを同じ向きで2つ並べる。GKのロングスローからスタート

パスを受けたところから2対1。手前側のゴールを目指す

自分でシュートを打っても、パスを出してもいい

Coaching Point

→ 2つの「速さ」を鍛える

　最初にやったトレーニングの延長上にあるメニューです。2対1の状況では、プレーを選択するスピードと、プレーを実行するスピード、両方の速さが求められます。2対1を連続して行うことで頭と体の両方の速さを鍛えます。

　もちろん、攻守は表裏一体ですから、ディフェンスとしては、数的不利の中でどのように守れば失点を防げるのかというのを身につけるために最適です。

1回目のフィニッシュが終わったらコーチが2球目を入れる

すぐに奥側のコートに移動して、2対1を仕掛ける

パスコースを切られていたので、縦突破からのシュートを選択する

プレーの連続性を高める
2対1＋1

3

| 時間(目安) | 7～10分 | 人数 | OF4人＋DF1人＋GK2人 | サイズ | 縦25m×横20m | 強度 | ■■■□□ 3 |

第3章 トレーニングプランの組み立て方

1

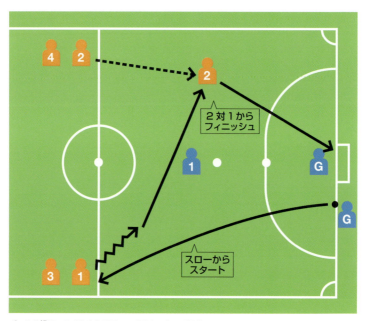

ゴールの横にいるGKからのスローでスタート。パスを受けたところか2対1を仕掛けていく。ディフェンスの状態を見ながらパスもしくはシュートを選択する。

ルール
- GKのスローからスタート
- シュートを打たなかった選手は、すぐにDFに入る
- シュートを打った選手（最後にボールに触った選手）はスタート地点にタッチして戻ってくる

142

2

指導者へのアドバイス
強度を落とさずに全力でやりきろう！

図中ラベル:
- タッチしてから守備に参加
- シュートを打った選手はスタート地点へダッシュ
- OFの選手がDFになる

攻撃が終わったら、シュートをしなかった選手がディフェンスに入って、シュートを打った選手はスタート地点までダッシュしてから戻ってくる。ゴール横のGKが次のオフェンスにボールを投げて2対1がスタートする。

Coaching Point
→ 連続性のあるシュート練習

2対1では確実にフィニッシュに持ち込むために、2人が同じイメージを描くことが重要になります。ボールを持っている選手は相手をよく見ながらプレーを選択しましょう。

また、実際の試合ではシュートを打った選手は、GKにキャッチされたり、相手に当たったりしたら、すぐにディフェンスに戻らなければいけません。普通のシュート練習に比べて、プレーの連続性があるので、シュートを打った後の切り替えが向上します。

| トレーニングの種類 | アナリティック | グローバル | **インテグラル** |

プレーの連続性を高める
2対1＋1

3

第3章 トレーニングプランの組み立て方

実際の動きを見てみよう

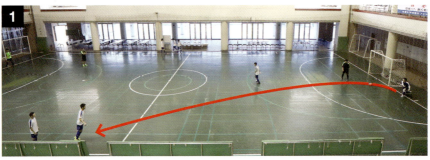

ゴールの横にいる GK からオフェンスの足元にスローを投げる

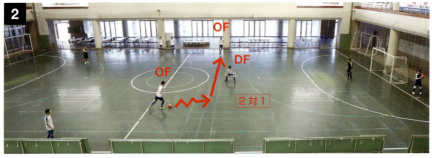

2対1がスタート。ディフェンスを引きつけて味方にパス

フリーでパスを受けた選手がシュートを打つ

Coaching Point

→ 数的同数にならないように

指導者がチェックするポイントはスピード感を持ってフィニッシュに行っているか。パスを3本も4本もつなぐなど必要以上に時間をかけてしまうと、2人目のディフェンスが戻ってきて2対2になってしまいます。

もう一つのポイントは、守り方をしっかり浸透させること。どこまで下がるのか、どこから寄せるのか。数的不利の状況なので、簡単に飛び込むのではなく、GKと連携しながら守ることが重要です。

最後にボールに触った選手はスタート地点までダッシュ

シュートを打たなかった選手はすぐさまディフェンスに入る

2対2になる前に素早くフィニッシュへ

3対2の攻め方・守り方を覚える
3対2＋1

4

| 時間（目安） | 7〜10分 | 人数 | OF3人＋DF3人＋GK | サイズ | 縦30m×横20m | 強度 | ■■■■□ 4 |

1

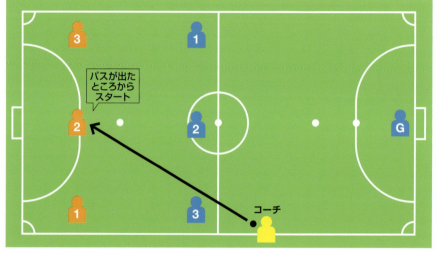

オフェンスとディフェンスが向かい合う形で3人並ぶ。ピッチサイドにいるコーチが、オフェンス3人のうちのどこかにパスを出したところからスタート。

ルール	・オフェンス3人、ディフェンス3人が向かい合って並ぶ
	・コーチはオフェンス3人のうちのどこかにボールを出す
	・オフェンスの正面にいるディフェンスは、オフェンスのいたグリッドにタッチしてから守備に参加する
	・ディフェンスからグリッドまでの距離は約5m
アレンジ	・オフェンスの右斜め前にいるディフェンスは、オフェンスのいたグリッドにタッチしてから守備に参加する

> 指導者へのアドバイス
> 3対2での
> セオリーを見つけよう！

2

パスが出たところの
正面にいたDFは
スタート地点まで
ダッシュして戻る

パスを受けた選手の正面のディフェンスは、オフェンスのスタート地点にタッチしてからでなければ守備に参加できない。攻撃側は3対2の状況になる。

Coaching Point
→ 素早く攻めるイメージ

　数的優位なカウンターの状況を作り出したメニューです。攻撃側はボールを奪ってから素早く攻めるイメージを持って、パスをどこで受けるのか、どうやってマークを引きつけるのかなどを確認しましょう。

　守備側は1人少ない状態で守らなければいけないので、うかつに飛び込んだらかわされてしまいます。スピードに乗らせないように遅らせながら、もう1人が戻ってくる時間を稼ぎます。

| トレーニングの種類 | アナリティック | グローバル | **インテグラル** |

3対2の攻め方・守り方を覚える
3対2＋1

4

実際の動きを見てみよう

1

オフェンス3人とディフェンス3人が向かい合う。コーチから3人のどこかにパス

2

パスが出たオフェンスの正面にいるディフェンスはグリッドまでダッシュ

3

ディフェンスが1人少なくなるので、攻撃側は3対2の数的優位になる

Coaching Point

→ ディフェンスは人に戻る

グリッドにタッチして戻ってくるディフェンスは、ゴールに向かっていくのではなく、人をつかまえにいくことがポイントです。他の2人のポジショニングを見ながら、最もパスが出てくる確率が低い、浮いている選手のところを目指して戻りましょう。

カウンターを受けた時の守り方をこのように何度も練習から繰り返していくと、ディフェンスの経験が蓄積されてきて、判断スピードが速くなります。

グリッドまでダッシュしたディフェンスはタッチしてから戻る

真ん中の選手がボールを持っている。サイドの2人は相手を引きつける

パスを出すと見せかけて自分でシュートを打つ

数的不均衡のセオリーを覚える 5
4対4（2対1＋3対2）

| 時間（目安） | 15〜20分 | 人数 | FP8人× 2セット＋GK2人 ＋パス出し1人 | サイズ | フルピッチ | 強度 | ■■■□□ 3 |

1

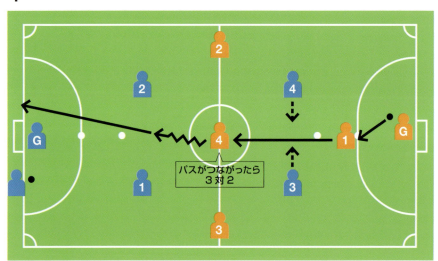

ゴールクリアランスからスタートする。オフェンスは3人がハーフライン上に立つ。GKからパスを受けた①が、3人のうちの誰かにパスを出して、通ったら3対2を仕掛ける。

ルール
- ディフェンスは2-2、オフェンスは1-3のシステムでプレー
- ゴールクリアランスからスタート
- オフェンスは前の3人の誰かにパスが通ったら攻められる
- 攻撃は5秒以内にフィニッシュする
- ボールが出たらキックインで再開する

指導者へのアドバイス
ダイナミックに スピード感を持ってやろう！

2

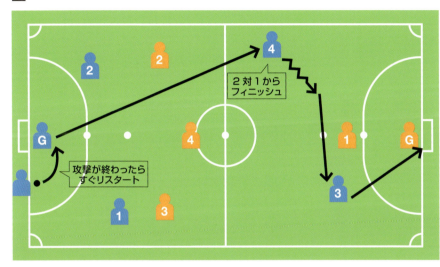

2対1からフィニッシュ

攻撃が終わったらすぐリスタート

攻撃が終わったら、ポスト横にいる選手がすぐにボールを渡してリスタート。相手陣内にスローで投げる。パスが通ったら2対1を仕掛ける。これを繰り返してゴール数を競い合う。

Coaching Point

→ 時間制限をつける

　数的不均衡でのプレーが連続するゲームです。相手陣内に入ったあとは、戻って守備に参加する選手がいないので、数的優位を生かしてパスを回そうと思えばできてしまうので、コーチは攻撃に時間制限を設けましょう。

　「5秒以内にフィニッシュ」と決めたら、ボールが入ったところからコーチがカウントします。もしも5秒以内にフィニッシュできなかったら、すぐにGKのところからリスタートします。

| トレーニングの種類 | アナリティック | グローバル | **インテグラル** |

数的不均衡のセオリーを覚える
4対4（2対1＋3対2） 5

実際の動きを見てみよう

1

ゴールクリアランスからスタート。システムはオフェンスが1-3、ディフェンスが2-2

2

サイドに出すと見せかけて真ん中が空いたところを縦パス

3

縦パスが通ったら相手陣内で3対2に。5秒以内にフィニッシュへ

Coaching Point

→ 試合に近い環境を作る

2対1のオフェンス、ディフェンス、3対2のオフェンス、ディフェンスを連続するトレーニングです。ここまでやってきた数的不均衡でのトレーニングをダイナミックに、試合に近い環境で行います。

攻守が分かれているので、見た目ほど強度が高いわけではありませんが、「5秒以内にフィニッシュする」という条件がついているので、常に集中力を高く保ちながらプレーすることが求められます。

ボールが切れたら、すぐにGKからリスタートする

スローが直接渡って2対1に。こちらも5秒以内にフィニッシュへ

お互いに5秒以内の素早い攻撃を繰り返す

Training Plan 5

トランジション
攻守の切り替えにおける攻め方・守り方のトレーニング

フットサルにおける重要な要素となる攻守の切り替え（トランジション）。
攻撃から守備、守備から攻撃への切り替えのスピードを高めるためには何をするべきなのか。

攻守の切り替えを自然発生させるメニュー

　フットサルではボールを持っているチームが失った直後、あるいは、相手のボールを奪った直後というのが、最もスコアが動きやすいといわれています。いわゆる攻守の切り替え、トランジションです。

　トランジションが速いチームは、ボールを失った後に訪れるカウンターのピンチを防ぐことができます。また、ボールを奪った後、相手の守備が整う前に仕掛けて効率的にゴールを決められるようになります。

　トレーニングの中からトランジションがたくさん発生するルールを入れておく。それによって、試合中のトランジションの場面でスピードが上がっていきます。

　トレーニングプランでは、ウォーミングアップのロンドから攻守の切り替えの要素を入れて、そこから2対2、3対3、4対4とプレー人数を増やし、コートを広げていきます。

　攻撃側はボールを失った後に数的不利になる、守備側は自分たちのボールになった後に数的有利な時間ができる。トランジションの現象を強調するトレーニングを多くすることによって、その重要性を植え付けましょう。

攻守の切り替えの意識を持つ
ロンド・トランジション

| 時間(目安) | 7〜10分 | 人数 | 6人 | サイズ | 正方形(縦8〜10m×横8〜10m) | 強度 | ■■■□□ 3 |

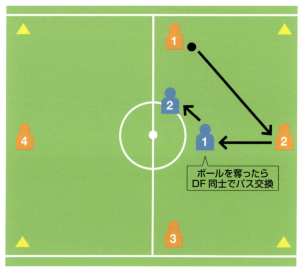

正方形のグリッドの中での4対2でパスを回す。パスカットした後、ディフェンス同士でパスをつないだらオフェンスと2人入れ替わるというルール。ディフェンスがボールに触った後、オフェンスはグリッドの中に入ってパス交換を阻止できる。

ルール
- オフェンスは4人、ディフェンスは2人
- オフェンスは2タッチ以内
- オフェンスはグリッドのライン上で動く
- ディフェンスがボールをカットしたらオフェンスと1人入れ替わる
- ボールを奪った後にディフェンス同士でパス交換をしたら、オフェンスと2人入れ替わる
- ボールが出たらコーチが新しいボールを入れる

Coaching Point

→ ロンドに連続性を与える

　試合中にボールを奪った後は、パスをつないで攻撃につなげなければいけません。ただボールを奪うだけじゃなく、そこから「パスをつなぐ」という要素を加えることで、プレーに連続性が生まれ、トランジションの意識が高まります。ボールを奪われた方も、パスをつながせないようにすぐに守備に切り替えなければいけません。パスミスでボールが切れたら、コーチはすぐ中にボールを入れて、強度を保ちましょう。

実際の動きを見てみよう

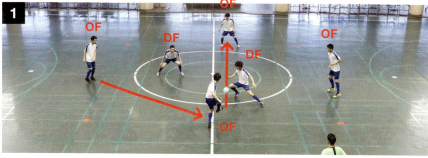

4対2でパスを回す。ディフェンスはボールにプレスをかける

2人のディフェンスは連動して追い込んでパスカットを狙う

パスカット後、ディフェンス同士でつなげば2人まとめて入れ替わる

攻守の切り替えを速くする
2対2トランジション 2

| 時間(目安) | 1本2分(ランニングタイム) | 人数 | FP4人×3チーム+GK2人 | サイズ | 縦20m×横20m | 強度 | ■■■■□ 4 |

1

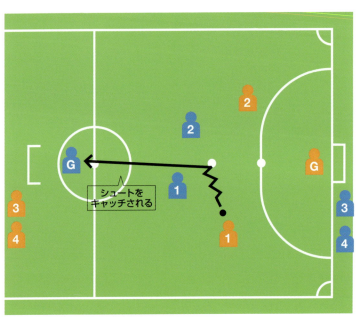

縦20m×横20mのピッチでの2対2。フリータッチなので、パスを回すだけでなく、ドリブルをしてもいい。シュートをGKがキャッチする。

ルール
- ピッチの中はフリータッチ
- トランジションが起きた瞬間に、ボールを失った選手は攻撃方向のゴール横にいる選手と交代する
- 2点取ったら即交代（勝ち残り）
- 1-1の場合は先に1点取ったほうが勝ち
- 0-0の場合は両チーム交代（4チームいる時）

指導者へのアドバイス

攻撃終わりの
タイミングを狙う！

2

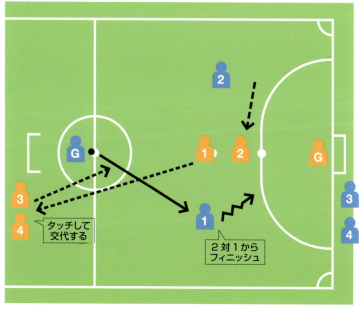

最後にボールに触った選手は攻撃方向のゴールポストの横に
いる選手と交代しなければいけない。その間にリスタートし
て2対1からフィニッシュに持ち込む。

Coaching Point
→ 数的有利・不利な状況ができる

　2対2になって2点を先に取ったほうが勝ちというシンプルなルールですが、ポイントは攻撃が終わった後、「2対1＋1」になることです。ボールが外に出たり、GKにシュートがキャッチされたり、シュートが枠の外に行ったりなど、攻撃が終わった時は、最後にボールに触った選手が交代しなければいけません。その間、リスタートしたチームは数的有利な状況で攻めることができます。素早くカウンターを繰り出すイメージです。

攻守の切り替えを速くする
２対２トランジション

実際の動きを見てみよう

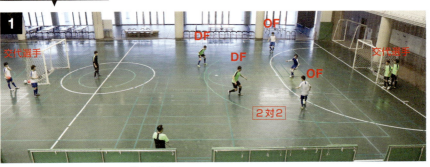

ゴールクリアランスからスタート。２対２を行う

左サイドからドリブルで切れ込んでシュートを打つ

ゴールの枠内に飛んだがシュートをGKがキャッチする

Coaching Point

→ 人数によって交代方式を変える

このトレーニングは人数によって時間設定や交代方式を変えられます。例えば、人数が16人で4人ずつ4チーム作れるのであれば、勝ったチームが残って、引き分けの時は両チームが入れ替わるという交代方式で、2分間でどんどん回していきます。12人で行う時は、6人ずつ2チームにすることもできます。交代で待っている人を4人ずつにして、中の選手が入れ替わりながら、10分ぐらい通しで行うという方式です。

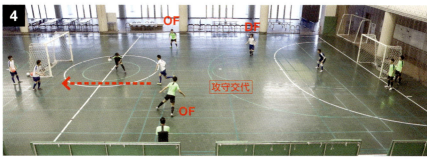

攻撃が終わった後、最後にボールに触った選手は交代する

GKは交代をしている間に素早くリスタートしてカウンターを仕掛ける

2対1の数的有利な状況の間にフィニッシュを目指す

トレーニングの種類 インテグラル

守備のコンセプトを意識する
3対3トランジション

| 時間（目安） | 1本1分30秒（ランニングタイム） | 人数 | FP5人×3チーム＋GK2人 | サイズ | 縦30m×横20m | 強度 | 5 |

1

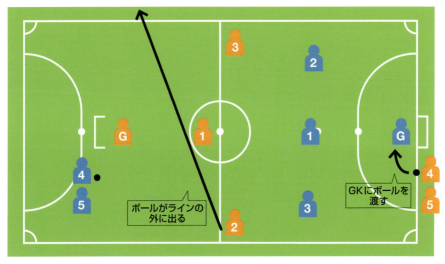

ボールがラインの外に出る

GKにボールを渡す

縦30m×横20mのピッチでの3対3。真ん中の選手からサイドの選手へのパスがずれてボールが外に出てしまう。GKは交代選手からボールをもらう。

ルール
- ピッチの中はフリータッチ
- トランジションが起きた瞬間に、ボールを失った選手は攻撃方向のゴール横にいる選手と交代する
- 2点取ったら即交代（勝ち残り）
- 1-1の場合は先に1点取ったほうが勝ち
- 0-0の場合は両チーム交代（4チームいる時）

指導者へのアドバイス

基本ルールは同じでも
フォーカスポイントは変わる！

2

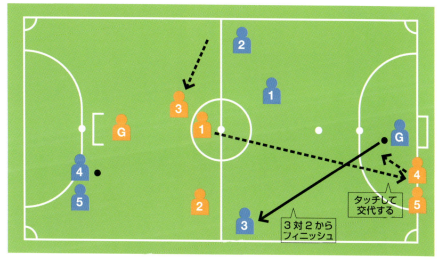

最後にボールに触った選手は攻撃方向のゴールの横にいる選手と交代しなければいけない。その間にリスタートして3対2からフィニッシュに持ち込む。

Coaching Point

→ 戦術的な要素が出ているか

　2対2から3対3になったこと、コートのサイズが縦20m×横20mから縦30m×横20mになった以外は、基本的なルールは同じです。ただし、オフェンスは3人でのローテーションが出てきますし、ディフェンスもプレッシングに行く選手とカバーリングに行く選手の役割分担が出てくるなど、より戦術的な要素が出てきます。チームとして行っている戦術的なオフェンス・ディフェンスが出ているかを確認しましょう。

守備のコンセプトを意識する
3対3トランジション

実際の動きを見てみよう

1

ボールを持っているチームのサイドの選手が真ん中の選手にパス

2

真ん中の選手はパスを受けると見せかけてスルーを狙う

3

だが、奥の選手とイメージが合わずボールはピッチの外へ……

Coaching Point

→ 撤退ラインは10m

このトレーニングではコートのサイズ設定がすごく大事です。縦を30mにする理由は、ピッチを3分割できるから。ディフェンスにとって自陣ゴールまで10mが撤退ラインの目安になります。数的不利な状況で、前に出てボールを奪いに行くとスペースあるし、下がり過ぎればシュートを打たれてしまいます。撤退ラインを意識しながらプレーするために、10mのところにマーカーを置くなど視覚的にわかるような工夫をしましょう。

ディフェンス側のゴールクリアランスからスタート

ボールを失った選手はゴール横の選手と交代する

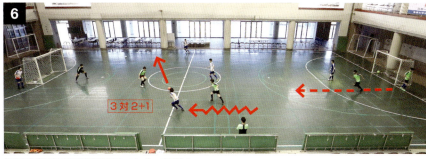

3対2の数的有利な状況の間にフィニッシュを目指す

165

| トレーニングの種類 | アナリティック | グローバル | **インテグラル** |

実際の試合をイメージする
4対4トランジション

| ⏱ 時間(目安) | 1本1分30秒（ランニングタイム） | 👥 人数 | FP6〜7人×3チーム＋GK2人 | 📋 サイズ | フルピッチ | 🏃 強度 | ▪▪▪▪▪ 5 |

1

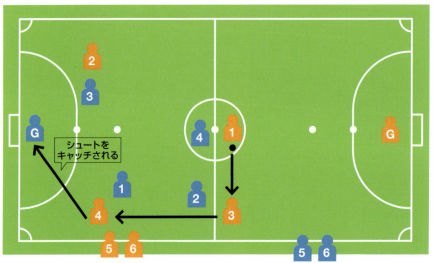

フルピッチでの4対4。通常のゲームと同じルールだが、交代する選手は自陣側ではなく攻撃方向のピッチの横で待っている。シュートをGKがキャッチする。

ルール
- ピッチの中はフリータッチ
- トランジションが起きた瞬間に、ボールを失った選手は攻撃方向のゴール横にいる選手と交代する
- 2点取ったら即交代（勝ち残り）
- 1-1の場合は先に1点取ったほうが勝ち
- 0-0の場合は両チーム交代（4チームいる時）

2

指導者へのアドバイス
交代ゾーンの設定で
強度を上げられる！

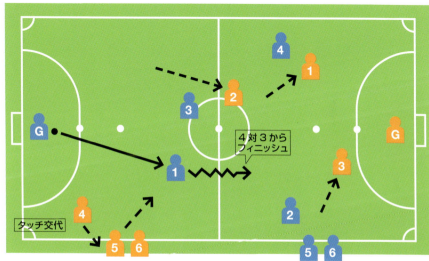

最後にボールに触った選手は交代ゾーンにいる選手と交代しなければいけない。その間にリスタートして4対3からフィニッシュに持ち込む。

Coaching Point

→ 長い距離のダッシュが必要になる

　大事なのは、ボールを失った瞬間に、どれだけ早く戻れるか。フルピッチで行うため、長い距離のダッシュが必要になるので、かなり強度の高いトレーニングです。2対2、3対3の時とルール設定は同じですが、交代選手はゴールの横ではなく、「攻撃方向の交代ゾーン」で待っています。交代ゾーンのラインをうまく活かしてルール設定をしてみましょう。現象が出なければゴール横でもいいと思います。

| トレーニングの種類 | アナリティック | グローバル | **インテグラル** |

実際の試合をイメージする
4対4トランジション

4

実際の動きを見てみよう

相手陣内に押し込んだ状態でボールを持っている

左サイドの奥の選手にパスが出て、シュートを狙いに行く

だが、シュートはGKにキャッチされてしまい攻撃が終わる

第3章　トレーニングプランの組み立て方

Coaching Point

→ 強度を落とさないように

このトレーニングはずっと走りっぱなしのような状態になるので、フィジカル的にはすごく強度が高くなります。コーチとしては選手のモチベーションが上がるような声かけを心がけてください。ほとんどフィジカルトレーニングのようなものなので、プレーの現象をフォーカスするというより、選手とシンクロしながらコーチングするイメージです。それぞれの場面についてフィードバックは、トレーニングが終わってから行います。

ボールをキャッチしたGKが素早くリスタートする

シュートを打った選手が交代ゾーンにいる選手と入れ替わる

4対3の数的有利な状況の間にフィニッシュを目指す

Training Plan 6

ポゼッション
ボール支配率を高めるためのトレーニング

ポゼッションとはボール支配率を高める戦術のこと。
相手がプレスをかけてきても、ボールを失わずに
キープするために必要なセオリーを
トレーニングを通して浸透させる。

ボールを保持するためのセオリーを盛り込む

　このトレーニングを行う前に確認しておきたいのが、フットサルというのはあくまでもゴールを決めることを目的としたスポーツであって、ボール保持率を上げることが目的ではないということです。ボールを回すことが目的になってしまわないように、その点については注意をしてください。

　では、どうしてポゼッションのトレーニングをするのかというと、相手がプレスをかけてきた時に簡単に失わないようにするためです。

　ボールを持っていない選手は、どんなタイミングでサポートをすればよいのか。相手の守備に対して、どこでパスをもらうのか。

　とりわけ、トレーニングの中で強調しているのが「ライン間でのプレー」です。相手のディフェンスとディフェンスの間にできるスペースでパスを受ける、あるいはそのスペースに入ってきた選手にパスを入れる。

　出し手と受け手の間でイメージを共有できれば、激しくプレスをかけられたとしても、あわてずにキープできます。指導者は「ライン間でのプレー」が現象としてしっかり出ているかをチェックしてください。

トレーニングの種類 アナリティック **グローバル** インテグラル

スペースを探す習慣をつける
4対4＋2フリーマン

時間(目安)	人数	サイズ	強度
7分(3分＋1分＋3分)	FP4人×2チーム＋フリーマン2人ずつ	縦20m×横20m	■■□□□ 2

1

ピッチの中は4対4で、外側にフリーマンを配置する。フリーマンはそれぞれのチームに2人ずつで、ピッチの中に入ってパス回しに参加することはできない。

ルール
- ピッチの中はフリータッチ
- 各チームのフリーマンを向かい合わせに配置する
- 同じチームのフリーマンにパスをしたら、フリーマンが入れ替わる
- 同じサイドのフリーマンを連続で使ってはいけない
- フリーマンからフリーマンへのパスは禁止

指導者へのアドバイス

コートを広く使った
現象を多く出させる

2

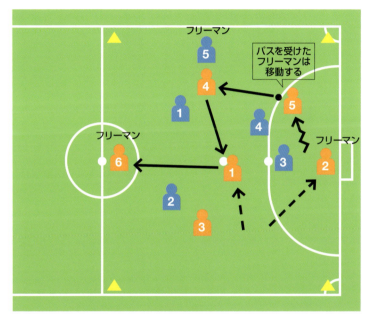

パスを受けたフリーマンは、自分がいた場所から離れなければいけない。他の選手がフリーマンの位置に入る。同じサイドにいるフリーマンには連続でパスを出せない。

Coaching Point

→ 体と頭を同時に動かす

　4対4のパス回しにフリーマンをつけた形です。このトレーニングの目的は、ピッチを広く使うこと。ボールをポゼッションするときは、同サイドで回していると相手にプレッシャーをかけられてしまいます。

　同じサイドのフリーマンに連続でパスを出せないので、攻撃方向を変えるための体の向きや、視野の確保が重要です。ボールを持っているチームは、広いスペースにパスをつなぐイメージを持っておきましょう。

スペースを探す習慣をつける
4対4＋2フリーマン

実際の動きを見てみよう

ピッチの中は4対4で、それぞれのチームに2人ずつフリーマンがいる

ボールを持っているチームがフリーマンにパスを出す

フリーマンがパスを受けたら味方の選手と入れ替わる

Coaching Point

→ アレンジは選手のレベルを考えて

　このトレーニングでは、フリータッチから2タッチ以内にしたり、10本パスをつないだら1点として競争の要素を入れたり、フリーマンへパスを出すまでに何本以上パスをつながなければいけないというルールをつけたり、さまざまなアレンジができます。

　アレンジで大事なのはチームのレベルを考えること。10本で1点が必ずしもちょうどいいとは限りません。チームのレベルに合わせてアレンジも変えましょう。

フリーマンがファーストタッチでスペースにボールを動かす

同じサイドのフリーマンにパスを出すことはできない

狭いスペースでパスを回すと相手のプレッシャーを受けやすい

ライン間を使う習慣をつける
ロンド・センターサークル 2

| 時間(目安) | 7〜10分 | 人数 | FP5人×2チーム＋フリーマン | サイズ | 縦20m×横20m（真ん中にセンターサークル） | 強度 | ■■□□□ 2 |

1

センターサークルの中にはボールを持っているチームの選手1人しか入れない。フリーマンの選手はパスをもらったチームにリターンする。

ルール
- センターサークル内にはボールを持っているチームの1人しか入れない
- センターサークル内の選手へのパスはゴロのみ
- センターサークル内で受けた選手は3タッチ以内でパスを出す（ドリブルはできない）
- センターサークル内でパスを出した選手は外に出て、他の選手と入れ替わる
- ボールが切れたらコーチが新しいボールを入れる

第3章　トレーニングプランの組み立て方

> 指導者へのアドバイス
> **ライン間でプレーする　メリットを感じさせる！**

2

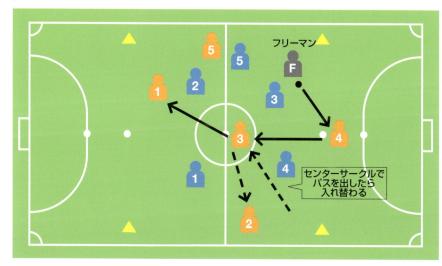

センターサークルで
パスを出したら
入れ替わる

攻撃側は、フリーでパスを受けられるセンターサークル内の選手を使いながらボールを回す。センターサークル内でパスを出した選手は、他の選手と入れ替わらなければいけない。

Coaching Point
→ エントレリネアスを積極的に狙う

　このロンドには「センターサークル内にボールを持っているチームの選手しか入れない」というルールがあります。センターサークルの中は、相手の1列目と2列目の間、「ライン間」のイメージです。オフェンス側はセンターサークルの中の選手にパスを出せば、相手はマークすることができないので、有利な状況でパスを回せます。ライン間に入ってくる動き、いわゆる「エントレリネアス」を積極的に狙いましょう。

トレーニングの種類 ── アナリティック **グローバル** インテグラル

ライン間を使う習慣をつける
ロンド・センターサークル

2

実際の動きを見てみよう

センターサークルの中には攻撃側の選手しか入れない

センターサークルの中からパスを出した選手は外に出る

外に出たら新しい選手がセンターサークルの中に入る

Coaching Point

→ フリーマンがポイント

このトレーニングでは、フリーマンを入れているのがポイントです。4対4だとセンターサークルの中でオフェンス側がボールを持った時、ディフェンス側はパスを出す先の3人にマンツーマンでつけるので、パスコースがなくなってしまいます。

フリーマンがいることで、センターサークルの中でボールを持った時にオフェンス側の数的優位が生まれ、相手と相手の間のスペースでパスを受ける現象が出やすくなります。

ボールを持っているチームは4人＋フリーマンでポゼッション

フリーマンの選手はボールをもらったチームにリターン

センターサークルの中にいる選手へのパスを積極的に狙う

| トレーニングの種類 | アナリティック | グローバル | **インテグラル** |

サポートの質を高める
5対5条件付き

3

| | 時間(目安) | 15～20分 | | 人数 | FP5人×2チーム+GK2人 | | サイズ | フルピッチ | | 強度 | ▪▪▪▫▫ 3 |

フルピッチで行うFP5人ずつのゲーム。パスを出した選手がリターンを受けられないというルールがあるので、ボールを持っていない選手はパスを受けられるところへ動くことが必要になる。

ルール	・オフェンスは3タッチ以内
	・パスをした選手にはリターンを出せない
アレンジ	・パスをした選手は、その場に止まる （パスをした先の選手が、 　次の選手にパスを出したら再び動ける）

Coaching Point

→ トライアングルを意識させる

　通常のゲームとの違いは、FPが5人なことと、リターンが禁止ということです。リターンができないので、3人目の選手がサポートしなければパスコースがなくなってしまいます。もう一つのポイントが「トライアングル」を作ること。ボールを持った選手に対して、縦、横、斜めとアングルをつけたポジションをとる。それによってパスの選択肢が増えます。指導者は、トライングルを作れているかをチェックして声をかけましょう。

実際の動きを見てみよう

5対5でのゲーム。底の位置にいる選手がサイドにパスを出す

パスを出した選手はリターンをもらうことができない

サイドで受けた選手は、ボールを運んで逆サイドにパス

| トレーニングの種類 | アナリティック | グローバル | インテグラル |

実際のゲームに制限をつける
4対4 条件付き

4

| 時間(目安) | 15〜20分 | 人数 | FP4人×2チーム+GK2人 | サイズ | フルピッチ | 強度 | 4 |

1

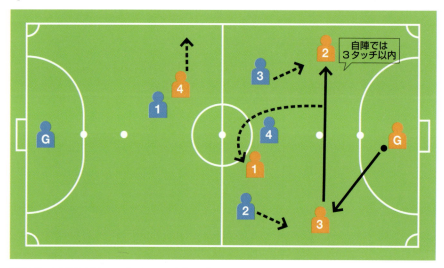

自陣では3タッチ以内

通常のゲームと同じようにフルピッチ、FP4人ずつで行う。パスを出した選手にリターンをすることはできない、自陣では3タッチ以内でプレーしなければいけないという条件をつける。

ルール	・オフェンスは自陣では3タッチ以内
	・オフェンスは相手陣内ではフリータッチ
	・パスをした選手にはリターンを出せない
アレンジ	・パスをした選手は、その場に止まる
	・パスをした先の選手が、 次の選手にパスを出したら再び動ける

指導者へのアドバイス

エリアごとに
プレーモデルを切り替える！

2

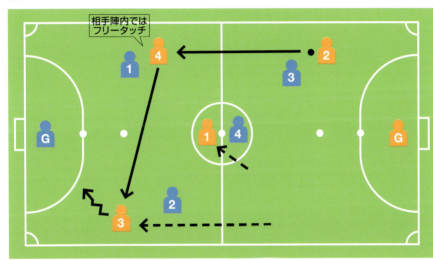

ポゼッションをしながら、相手陣内にボールを運んでいく。自陣では3タッチ以内でプレーしなければいけないが、相手陣内ではフリータッチでプレーできる。

Coaching Point
→ 自陣では素早くプレーを動かす

　P180-181で行った「5×5条件付き」を、実際のゲームと同じ4対4にすることで、より実戦的にしたトレーニングです。パスを出した選手にリターンができない、自陣では3タッチ以内でプレーしなければいけないという条件があるため、チーム全体で素早くボールを動かすことが必要になります。高い負荷がかかる条件をつけることで、実際のゲームになった時に余裕を持ってプレーできるようになります。

183

トレーニングの種類 — アナリティック　グローバル　**インテグラル**

実際のゲームに制限をつける
4対4 条件付き

4

実際の動きを見てみよう

ゴールクリアランスからスタート。相手は前からプレスに来る

サイドでボールを持った選手から、逆サイドの選手へパス

パスを出した選手がマークを引きつけて前に抜けていく

Coaching Point

→ 相手陣内ではゴールを目指す

　自陣では3タッチ以内、相手陣内ではフリータッチと、ボールのある位置によってタッチ制限が変わります。その狙いは、自陣でボールを持っている時と、相手陣内でボールを持っている時のプレーモデルの違いを意識させるためです。

　自陣では3タッチ以内なので素早くパスを回さなければいけませんが、相手陣内に入ったらピヴォに当ててからのフィニッシュや、サイドからのドリブルなどを仕掛けます。

マークを引き付ける動きによってパスコースができる

パスを出した選手がマークを引き付けて前に抜けていく

サイドでボールを持った選手から、逆サイドの選手へパス

Training Plan 7

セットプレー
セットプレーの成功率を高めるためのトレーニング

フットサルにおいてセットプレーからの得点は全体の1/3を占めるといわれる。
そんなセットプレーの成功率を上げるために、試合前に行っておきたいトレーニングとは。

相手のことを分析してトレーニングに落とし込む

　シュライカー大阪では、1週間のスケジュールの中で、セットプレーに重点を置いた日を設けています。そこでは次の試合の対戦相手をスカウティングして、どのようなセットプレーのパターンがあるのか、セットプレーに対してどんな守り方をしてくるのかなどをトレーニングで落とし込んでいきます。

　たくさんのパターンを覚えたとしても、相手のことを研究した上で行わなければ、あまり意味がありません。チームとして10個パターンがあったとしたら、マンツーマンで守ってくる相手、ゾーンで守ってくる相手によって、どれを使うかを選択することが必要になります。

　また、セットプレーのトレーニングは関わる人数が限られてくるので、待ち時間が長くなりがちです。

　そのため、セットプレーの場面だけを切り取るのではなく、セットプレーからのトランジションなど、インプレーの要素を盛り込むことで、関わる選手を増やしたり、集中しなければいけない状態を作ったりしましょう。そうやってトレーニングの質を高めたり、選手のモチベーションを上げたりすることも指導者にとっては大切です。

セットプレーの動きを覚える
セットプレー（アナリティック）

	時間（目安）	7〜10分	人数	FP2人＋キッカー＋GK	サイズ	ゴール前	強度	1

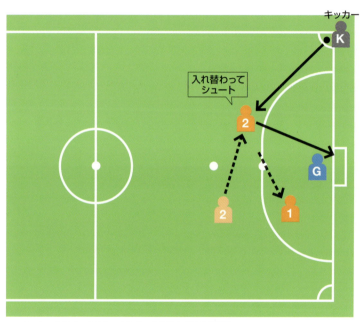

コーナーキックにボールをセットして、中に2人が並んだ状態からスタート。キッカーが蹴る前に、中の選手が動き出す。キッカーが中の動きを見ながらパスを送ってシュートする。

ルール	・コーナーキックからスタート
	・中の選手はパターンを決めて動く
	・キッカーは4秒をうまく使う
アレンジ	・相手に見立てたマーカーを置く
	・キッカーのサインで動きを変える

Coaching Point

→ 細かいところを伝える

どこでシュートを打つか、どこで動くのかを覚えるためのトレーニングです。フットサルのセットプレーはパターンを決めて、それをどれだけ正確にできるかが重要になります。まずは、相手をつけずに行ってパターンを体に染み込ませます。

指導者は、キッカーの体の向きや、中の選手の動き出すタイミングなど、細かいところをしっかりと選手に伝えるところが大事になります。

実際の動きを見てみよう

中の2人のうち1人がブロックのイメージで斜めに動く

もう1人の選手がニアサイドに走り込んでいく

キッカーからパスを受けてワンタッチでフィニッシュ

セットプレーからの切り替えを狙う 2
セットプレー＋トランジション

時間（目安）	人数	サイズ	強度
7〜10分	OF2人＋DF2人＋キッカー＋相手陣内DF＋GK2人	縦30m×横20m	■■□□□ 2

ゴール前はオフェンス2人、ディフェンス2人。コーナーキックの後、ディフェンス2人はコーチからパスを受けて逆サイドのゴールに向かって攻める。ビブスを持っているディフェンスに対して、5タッチ以内にシュートする。

ルール
- セットプレーと逆サイドのゴールにGKとビブスを持ったディフェンスがいる
- ディフェンスの2人はコーチからのパスを受けて逆サイドのゴールに攻める（5タッチ以内にシュート）
- セットプレーのオフェンスだった2人がディフェンス、外で待っている2人がオフェンスになる
- 逆サイドのディフェンスはゴールを決められたらそのまま残る。ゴールを守ったら最後にボールに触った選手と交代する

Coaching Point

→ どんどん役割が入れ替わる

コーナーキックが終わった後は、トランジションが起こる確率が高くなります。シュートが入っても入らなくても、ディフェンスだった2人がコーチからのボールを受けて、逆サイドのゴールに攻めていきます。セットプレーのディフェンス→オフェンス→カウンターのディフェンス……と、どんどん入れ替わっていくことで、待ち時間が長くなりやすいセットプレーのトレーニングをダイナミックにするという狙いがあります。

実際の動きを見てみよう

2対2のセットプレー。コーナーキックからスタート

コーナーキックが終わったら、ディフェンスがオフェンスになって逆サイドに攻める

ビブスを持っているディフェンスに対して、5タッチ以内にシュートする

トレーニングの種類 アナリティック　グローバル　**インテグラル**

クイックリスタートの意識を上げる
セットプレー（2球） 3

| 時間(目安) | 7〜10分 | 人数 | OF2人+DF2人＋キッカー2人＋GK | サイズ | ゴール前 | 強度 | ■■□□□ 2 |

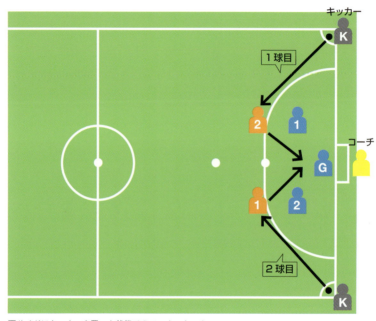

両サイドにキッカーを置いた状態でのコーナーキック。コーチからの合図で1球目をスタート。フィニッシュしたら、すぐさま逆サイドから2球目を入れる。

ルール
- 両サイドにキッカーがいて、コーチがゴール裏にいる
- 1球目をどこから出すかをコーチが指示を出す
- 1球目をフィニッシュで終わったら、2球目をすぐに出す

第3章　トレーニングプランの組み立て方

192

Coaching Point

→ 2つのセットプレーを同時に行う

セットプレーには大きく分けて2種類あります。キッカーがサインを出してやるものと、クイックでやるものです。その2つを同時にトレーニングします。

1級目はセットした状態で行います。フィニッシュが終わった瞬間は、守備のバランスが崩れているので、2球目はクイックで狙います。ディフェンスにとっては、守備が整い切らない状況でセットプレーに対応することが求められます。

実際の動きを見てみよう

2対2のセットプレー。コーナーキックからスタート

コーチの合図を受けたキッカーが1球目のボールを入れる

フィニッシュしたら逆サイドからすぐに2球目を入れる

セットプレーのシーンを増やす
4対4

4

| 時間(目安) | 10〜15分 | 人数 | FP4人×2チーム＋GK2人 | サイズ | ハーフピッチ | 強度 | ■■■□□ 3 |

ハーフコートでの4対4のゲーム。コートを狭くすることで、ゴール前の場面を多くし、積極的にシュートを狙う。ボールが外に出たらコーナーキックもしくはキックインからスタートする。

ルール
- フリータッチ
- ゴールラインを割ったらコーナーキックでリスタート
- サイドに出たら高い位置からのキックインでリスタート

Coaching Point

→ 相手のディフェンスを再現する

セットプレーを強化したい時は、ミニゲームでもセットプレーが多く出るように設定します。大事なポイントは次の試合の相手をスカウティングして、ディフェンスの立ち位置やゾーン・マンツーマンなどを再現すること。

セットプレーのトレーニングは相手のことを研究した上でやらなければ、あまり意味がありません。「何のためにやるのか」というのを、しっかり指導者が伝えることで質が高くなります。

実際の動きを見てみよう

ボールを持っているチームがパスを回してからシュート

GKにシュートが弾かれて、ボールがコートの外に出る

マイボール側のコーナーキックでリスタートする

Training Plan 8

パワープレー
パワープレーの成功率を高めるためのトレーニング

リードされた状態で、ゴールがほしい状態で行うのが、
GKの選手も合わせた5人で攻めるパワープレー。
チームとして精度を高めておけば、
試合をひっくり返す切り札にもなる。

全員でパワープレーの練習をする必要はない

　まず、パワープレーのトレーニングに関していうと全員でする必要はありません。パワープレーは5〜6人のメンバーを決めて、その選手たちの中でプレーの精度を高めていくことが重要です。

　パワープレーはGKが上がって攻めるので、ミスをしたら失点に直結するリスクの大きな戦術です。メンバーを入れ替えることで、技術的・戦術的なミスが起こりやすくなってしまいます。

　そのため、パワープレーに関しては実際の試合に出るメンバーだけでトレーニングをして、それ以外の選手は別のメニューにあてた方が効果的です。例えば、コートの半分でパワープレーの練習をやる組があったら、その反対側ではセットプレーの練習をするなど、限られた時間を有効活用しましょう。

　60分のトレーニングプランを組み立てましたが、シュライカー大阪では、パワープレーの練習だけをずっとやるということはほとんどありません。

　試合前日の最後に「残り3分、0-1で負けている」という状況を設定をした上で、実戦形式でパワープレーの確認をすることが多いです。

| トレーニングの種類 | アナリティック | **グローバル** | インテグラル |

ダイレクトパスの精度を上げる
スクエアパス→3対1

| 時間（目安） | 7～10分 | 人数 | FP4人＋GK＋ボールを投げるGK | サイズ | 縦16m×横16m | 強度 | ■■□□□ 2 |

1

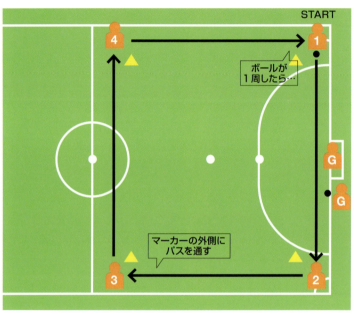

正方形にマーカーを置き、ダイレクトでパスを回す。誰かがミスをしたら、すぐにGKがボールを投げ、ミスをした選手をディフェンスにして3対1がスタート。

ルール
- 正方形にマーカーを置く
- 時計周りにパスをつなぐ（ダイレクト）
- マーカーの外側のスペースにパスを通す
- ミスなくボールが1周した場合は最初にパスを出した選手がディフェンスになって3対1（ダイレクトで誰かにパスを出す）
- 誰かがミスをした場合はミスをした選手がディフェンスになって3対1（ゴール横のGKがボールを投げる）

指導者へのアドバイス

パワープレーを
イメージさせよう

2

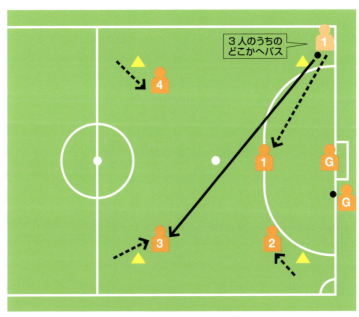

全員がミスなくつないでボールが1周したら、スタート地点の①から3人のうちのどこかにダイレクトでパスを出す。①がDFに入って、3対1がスタート。

Coaching Point
→ ダイレクトで正確につなぐ

　フットサルのパワープレーで最も重要になるのが、ダイレクトパスです。このトレーニングでは、パワープレーの基本陣形となる四角形（スクエア）になってダイレクトパスを回していきます。

　ディフェンスから遠いサイドにパスを出すことをイメージして、マーカーの外側を通過しなければいけないというルールを設けます。ダイレクトで正確にパスを出せなければ、パワープレーはうまくいきません。

ダイレクトパスの精度を上げる
スクエアパス→3対1

トレーニングの種類 　 アナリティック　**グローバル**　インテグラル

実際の動きを見てみよう

正方形にマーカーを置いて、時計回りでパス

2人目から3人目へのダイレクトでパスがずれる

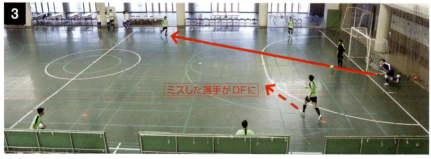

すぐにゴールポストの横にいたGKがボールを投げる

Coaching Point

→ ミスへのプレッシャーを与える

パワープレーはGKがFPに交代して（あるいはGKが上がって）5人で攻める戦術です。GKがゴールから離れるので、ちょっとしたミスが大きなピンチにつながってしまうので、プレッシャーの中でも正確にパスをつながなければいけません。このトレーニングではミスをした選手は、すぐにディフェンスに回って、数的不利な状況で守らなければいけないので、「ミスをしてはいけない」という心理的な働きかけにもなります。

ミスをした選手がディフェンスになって3対1がスタート

オフェンスの選手たちは素早くポジションをとる

3対1の数的優位を活かして、フィニッシュに持ち込む

| トレーニングの種類 | アナリティック | グローバル | インテグラル |

崩し方のイメージを共有する
パワープレー（アナリティック）

2

| 時間(目安) | 7～10分 | 人数 | FP5人+GK | サイズ | ハーフピッチ | 強度 | ▪▪▫▫▫ 1 |

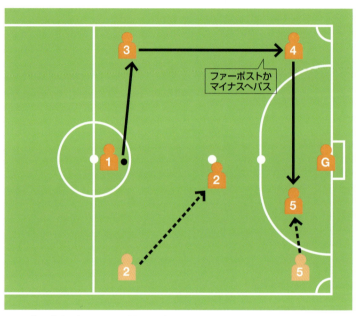

パワープレーをする時のシステムに並んで、ダイレクトでパスをつないで、フィニッシュに行く。サイドの奥の選手に縦パスが入ったタイミングで、逆サイドの2人がファーポストとマイナスのコースに走り込む。

ルール
- パワープレーのシステムに並ぶ
- 真ん中の選手からスタート
- パスはダイレクトで出す

アレンジ
- フィニッシュのパターンを変える

Coaching Point

→ 左利きは右角に置く

相手をつけずにパワープレーのパターンを繰り返すトレーニングです。パワープレーでのフィニッシュの形は大きく分けて2つあります。サイドの奥の選手からの折り返しを、ファーポストの選手、もしくは斜めに走り込んだ選手が合わせるというものです。このとき、右サイド、特に奥のポジションには左利きの選手を配置してください。パワープレーでは右サイドには左利きがいるかいないかで成功率が大きく変わります。

実際の動きを見てみよう

パワープレーの形に並んで、真ん中からサイドにパスを出す

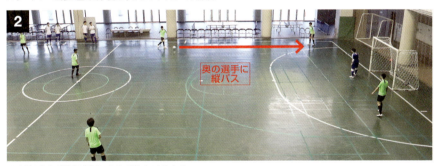

サイドの後ろの選手がダイレクトで縦パスを入れる

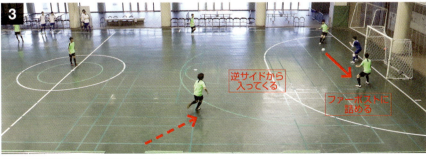

奥の選手からの折り返しに、逆サイドの選手が合わせる

トレーニングの種類 —— アナリティック グローバル **インテグラル**

パワープレーからの切り替えを高める
5対3＋2

3

| 時間(目安) | 7〜10分 | 人数 | FP5人×2チーム＋GK2人 | サイズ | フルピッチ | 強度 | ■■■□□ 3 |

1

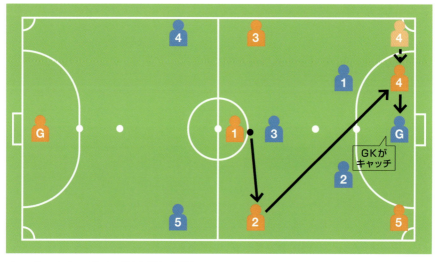

パワープレーをイメージした5対3の状況で攻撃する。後ろの3人は2タッチ以内、奥の2人はダイレクトでプレーしなければいけない。奥の選手から中に折り返すがGKにキャッチされる。

ルール
- 5対3の状況からスタート
- 後ろの3人は2タッチ以内、奥の2人はダイレクト
- 相手陣内にいるディフェンスチームの2人はハーフを超えて下がれない
- 攻守交代をした後、オフェンスチームは後ろの真ん中の選手と奥の2人が戻れる
- 守備側だったチームはカウンターでも、パワープレーに移行してもいい

指導者へのアドバイス
攻守両面を トレーニングする

2

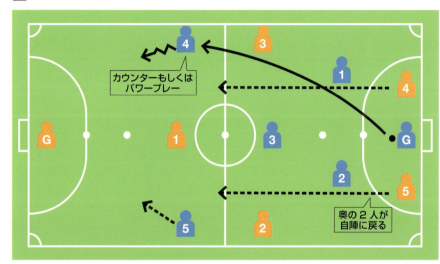

GKは相手陣内で待っていた選手にスロー。ボールを持っていたチームは真ん中の選手と、奥の2人が戻ることができる。パスを受けた選手は素早くフィニッシュに行くか、味方の上がりを待ってパワープレーをする。

Coaching Point
→ 素早く切り替える

　パワープレーの崩し方と、ボールを失った後のトランジションの2つを同時に高めるトレーニングです。5対3なのでオフェンスにとってはプレーしやすい状況です。全員が2タッチ以内だと簡単になってしまうので、奥の2人はダイレクトという制限をつけます。

　ディフェンスはボールを奪った後は、相手陣内にいる2人を使って攻撃できます。この時、オフェンスはGKと奥の2人しか戻れないので、素早い切り替えが求められます。

| トレーニングの種類 | アナリティック | グローバル | **インテグラル** |

パワープレーからの切り替えを高める
5対3＋2

3

実際の動きを見てみよう

ハーフコートでの5対3。ディフェンス側は3人しか自陣に入れない

後ろの3人は2タッチ以内でプレー。セカンドポストへ速いパス

奥の選手はダイレクトのみ。シュートを打つがGKに止められる

Coaching Point
→ ハードワークの要素を入れる

このトレーニングではオフェンス側がボールを失った後にトランジション（攻守の切り替え）が発生します。なおかつ、自陣に戻れるのは後ろの真ん中の選手と、高い位置にいる2人だけなので、長い距離をスプリントして戻らなければいけません。

カウンターをするチームは、相手が戻ってくる前に素早くカウンターをする、もしくは味方の上がりを待ってパワープレーをします。相手の状況を見ながら選択しましょう。

ディフェンスがボールを奪ったら攻守が入れ替わる

GKから相手陣内にいるオフェンスに素早くスロー

オフェンス側で自陣に下がるのは奥の2人のみ

パワープレーのシーンを増やす
4対4 条件付き 4

| 時間(目安) | 10〜15分 | 人数 | FP4人×2チーム+GK2人 | サイズ | フルピッチ | 強度 | 3 |

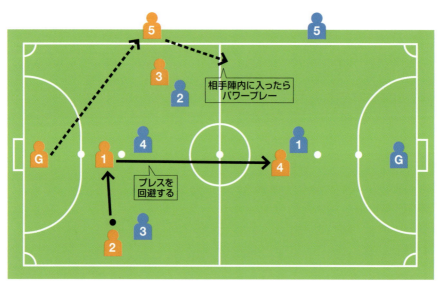

通常のゲームと同じような4対4でプレー。パワープレーのGKをするFPの選手が交代ゾーンで待っている。プレスをかわして、相手陣内にボールが入ったらパワープレーに移行する。

ルール
- 相手陣内にボールを運んだらパワープレーに移行する
- GKとパワープレーのGKが交代する

アレンジ
- 守備のシステムを変える
- プレッシャーのかけ方を変える

Coaching Point

→ GKの交代もトレーニングする

基本的なルールは変わりませんが、相手陣内にボールを運んだら、攻撃側はパワープレーに移行します。ゲーム形式の中で、これまでのトレーニングでやってきたことをしっかり出せているかをチェックしましょう。

また、パワープレーのGKをFPの選手がやる場合は、マイボールになったタイミングでGKの選手と交代しなければなりません。スムーズに交代できるように癖をつけておくことも必要です。

実際の動きを見てみよう

プレスをかわして相手陣内にいるピヴォにボールを出す

プレス回避できたら、そこからパワープレーに移行する

パワープレー（5対4）からフィニッシュを目指す

Training Plan 9

特別な状況（GKがいない）
GKの選手がいない・来られない時のトレーニング

GKの選手が練習に来られない時や、チームに2人以上いない時などは、どんなチームでも起こりえる。限られた状況の中で、トレーニングの質を上げるためのメニューを紹介する。

GKがいなくても質を落とさない

　私が指導者講習会などに行った時に聞かれるのが「GKの選手がいない時に、どんなメニューを行えばいいのか？」というものです。

　GKというのはほとんどのチームで2人から3人、あるいは1人しかいないという場合もあります。

　シュライカー大阪のようなFリーグのトップカテゴリーであればそんなことはありませんが、GKが突然来られなくなって、GKがいない状況で練習をしなければならないという状況は、どこのチームにも起こりえます。

　また、チームによってはゴールがない、ゴールが1個しかないコートで練習をしているところもあります。そうした環境ではゴールを置いたメニューは必然的に行えません。GKがいたとしても全体時間の中でGK用のメニューをやっている間は「GKがいない」状況になります。

　大事なのは、GKがいない、あるいはゴールがなかったとしても、トレーニングの質を落とさないこと。シュートを打てないのであれば、そのぶんを他のトレーニングにあてて、有効な時間にする。指導者は、たくさんの引き出しを持っておくことが重要です。

| トレーニングの種類 | アナリティック | **グローバル** | インテグラル |

雰囲気を盛り上げる
ポゼッション・ビンゴ

| 時間(目安) | 7〜10分 | 人数 | 6人×2チーム | サイズ | フルピッチ | 強度 | ■■□□□ 2 |

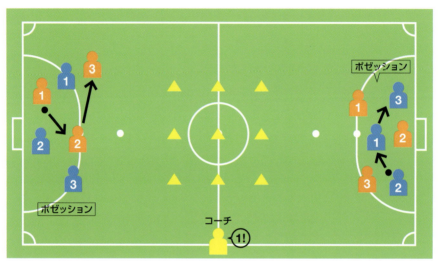

左右のコートで3対3のパス回しをしている。コーチが合図を出したら、中央にあるマーカーのところへ行って、先にビンゴになるように並ぶ。

ルール
- マーカー（グリッド）をビンゴの形に並べる
- 左右のコートで3対3のポゼッション
- コーチが合図を出したらビンゴをする
- 同じマーカー（グリッド）に2人は入れない
- 縦、横、斜めに3人が先に並んだチームが勝ち
- 負けたチームは腕立て伏せやジャンプなどの罰ゲーム

Coaching Point
→ 遊び心のあるメニュー

ポゼッションとビンゴを組み合わせた、レクリエーション的な要素が強いメニューです。雰囲気づくりのためにその日のトレーニングの一番目にやることが多いですが、あえて強度が高いメニューの前に挟むこともあります。気持ちをリフレッシュさせて、よりモチベーションを持って強度の高いメニュー取り組んでもらうようにするためです。トレーニングは選手たちのメンタルの状態も加味して組み立てることが必要です。

実際の動きを見てみよう

両サイドで3対3のポゼッション。真ん中にはビンゴのようにマーカーを置く

コーチが合図をしたら、真ん中のマーカーのところにダッシュ

先に3人がビンゴのように並んだチームが勝ち

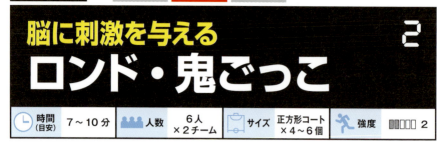

| 時間(目安) | 7〜10分 | 人数 | 6人×2チーム | サイズ | 正方形コート×4〜6個 | 強度 | 2 |

正方形コートを6個作って、4対2のロンドを行う。パスが5本つながったら、反時計回りで隣のコートに移動していく。もう1チームがロンドをやっているところに追いついたら勝ち。

ルール
- 2チームで4対2のロンド
- パスを5本つないだら反時計回りで隣のコートに移動する
- どちらかのチームが、もう一方のチームがプレーしているピッチに追いついたら勝ち

アレンジ
- コートごとにタッチ数を決める
 （例：右側は2タッチ以内、真ん中のロンドは1タッチ・2タッチ交互、左側のロンドは必ず2タッチ）

Coaching Point

→ パス本数は調整する

ロンドにはいくつか種類があります。これまでのロンドは「ピヴォに当てる」や「ボールをポゼッションする」などプレーにつなげる目的がありましたが、このロンドのメインとなる目的は頭への働きかけです。

コートごとにロンドのタッチ数が変わったり、ロンドをしながら移動しなければならなかったり、さまざまな条件をつけることで脳に刺激を与えます。パスを何本つなげば移動できるかはレベルに合わせて調整しましょう。

実際の動きを見てみよう

正方形のコートを6つ作って4対2のロンドをする

5本パスをつないだら反時計回りで隣のコートに移動する

2チームで、どちらが先に追いつけるかを競争する

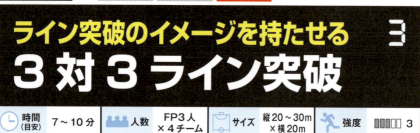

ライン突破のイメージを持たせる
3対3ライン突破

時間(目安)	人数	サイズ	強度
7〜10分	FP3人×4チーム	縦20〜30m×横20m	■■■□□ 3

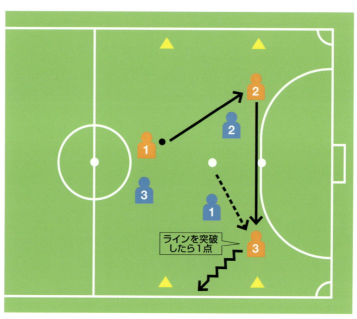

両サイドにゴールを設定して、3人でローテーションをしながらパスを回す。相手のプレスをかわして、ゴールをドリブルもしくはトラップで通過したら1点。

ルール
- フリータッチ
- 両サイドにゴールを設定してラインを突破する
- ラインを突破する時はドリブルもしくはトラップのみ
- ゴールのところでの待ち伏せはできない

アレンジ
- 3タッチ以内

第3章 トレーニングプランの組み立て方

Coaching Point

→ 3人でローテーションする

3人でローテーションをしながら、ライン突破を目指すというトレーニングです。3対3でどうやってボールを回すか、ポゼッションからどこで攻撃のアクションをしていくか。そうしたタイミングをつかむことが目的になります。

ボールを持っていない選手がマークを引きつけてパスコースを作る動きや、パスを出した後に相手の裏をとる動きなどが必要になります。

実際の動きを見てみよう

両サイドにゴールを置いて、3対3でパスを回す

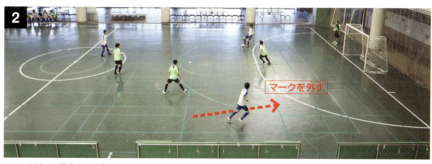

マークを外した選手が、相手の背後のスペースに動く

フリーで縦パスを受けたら、ゴールに運んでライン突破

Training Plan 10

特別な状況（狭いコート）
コートが狭い・人数が少ない時のトレーニング

日本のフットサル環境では、コートが極端に狭いところでプレーすることも珍しくない。限られた状況の中で、トレーニングの質を上げるためのメニューを紹介する。

第3章 トレーニングプランの組み立て方

コートに合わせてメニューを最適化する

　日本のフットサル環境では20m×40mのフルサイズのコートで練習をできるチームばかりではありません。むしろ、十分とはいえない環境の中で練習をしているチームの方が多いでしょう。

　大事なのは、コートのサイズにあったトレーニングを行うこと。

　例えば、トランジションの要素を盛り込んだメニューをしたくても、コートのサイズが実際の試合と違えば、狙った通りの効果は得られません。それであれば、狭いコートの中でも高い効果が得られるメニューを行うべきです。

　限られた環境の中でも工夫次第でさまざまな要素をトレーニングすることができます。私自身もファイルフォックスの時は狭いコートで練習していたこともあります。

　1対1のドリブルからのフィニッシュや、1対1でマークを外す動きからのフィニッシュなど、ゴール前など狭いエリアで発揮するスキルを高めるトレーニングを行えば、試合につながりやすくなります。

　自分たちがどんな環境でプレーしているのかを考えた上で、それに合ったトレーニングを構築していきましょう。

トレーニングの種類 アナリティック **グローバル** インテグラル

チームの一体感をつくる
ロンド・PA内

| 時間(目安) | 7〜10分 | 人数 | 全員 | サイズ | ペナルティーエリア | 強度 | ■□□□□ 1 |

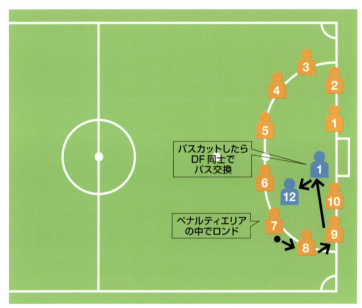

ペナルティーエリアとゴールラインに沿って選手が並ぶ。ディフェンス2人が中に入ってロンド。ディフェンスがボールを奪った後にパス交換をしたらオフェンス2人と同時に入れ替わる。

ルール
- ペナルティーエリアの中でパスを回す
- ディフェンスは2人
- パスはダイレクト（足裏は禁止）
- パスミスや、ボールをカットされたオフェンスはディフェンスと交代する
- ディフェンスはボールを奪った後にパス交換をしたらオフェンス2人と交代する

Coaching Point

→ シュライカー大阪の定番メニュー

シュライカー大阪では、このロンドをよくトレーニングのはじめに行います。最大のメリットは「全員」でできること。GKの選手も含めて全員でパスを交換することによって、チームスポーツに必要な一体感をつくることができます。

その日によってトレーニングのテーマは変わりますが、ウォーミングアップは全員でできる、このようなメニューをやっておくのは良いと思います。

実際の動きを見てみよう

ペナルティーエリアの中の狭いスペースでロンドをする

タッチはダイレクトのみ。パスが中にいるディフェンスにカットされる

ディフェンス同士でパスを交換したら2人同時に交代する

アラでの1対1を磨く
1対1 → フィニッシュ

2

| 時間(目安) | 7〜10分 | 人数 | 全員 | サイズ | 縦20m×横10m | 強度 | ■■■□□ 3 |

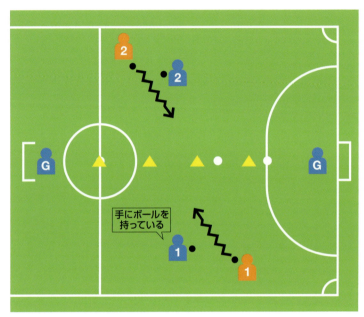

サイドでの1対1。最初にディフェンスがボールを持っていて、自分の守るゴールのほうにドリブルしてから足の裏で後ろのオフェンスにパスを出す。オフェンスはパスを受けたらドリブルからシュートを狙う。

ルール
- 1対1でゴールを狙う
- ディフェンスは手にボールを持っている
- オフェンスはセンターのラインはまたげない

アレンジ
- ディフェンスが手にボールを持たない
- 両サイドで同じゴールに向かってプレーする

Coaching Point

→ ディフェンスに負荷をかける

フットサルで最も多い場面の一つ、アラの位置からの1対1のトレーニングです。ディフェンスの選手には手にボールを持つという負荷をかけます。ディフェンスは腕を使ってブロックすることができないぶん、オフェンスは突破しやすくなります。センターのラインを超えられないのは、実際の試合では中にはカバーリングの選手がいるからです。ゴールを2つ置いて、同時に行うことで効率良くトレーニングできます。

実際の動きを見てみよう

ディフェンスがドリブルをしてから足裏でボールを後ろに落とす

オフェンスがボールを受けたところから1対1がスタートする

ディフェンスは手にボールを持っている。オフェンスはドリブルを仕掛けてシュートへ

223

トレーニングの種類 アナリティック　グローバル　 インテグラル

マークを外す動きを身につける
4つ角パス＆シュート

3

時間(目安)	人数	サイズ	強度
7〜10分	全員+GK2人	縦20m×横20m	■■■□□ 3

オフェンスはマークを振り切って4人のキッカーの中のどこかからパスを受けてシュート。シュートを打ち終わったら、キッカーがディフェンスに、ディフェンスがオフェンスになってシュートを狙う。

ルール
- ピッチの角4カ所にボールをセットする
- オフェンスはどこからパスをもらっても、どちらのゴールに打ってもいい
- シュート後はオフェンスが外に出て、ディフェンスがオフェンスに、パスを出したキッカーがディフェンスになる

アレンジ
- シュートまでのタッチ数を変える（ダイレクト、2タッチ、3タッチなど）

Coaching Point

→ ディフェンスと駆け引きをする

ゴール前において、相手をはがす、タイミングをずらすなどは重要なスキルを身に付けるためのトレーニングです。オフェンスは4つ角にいるキッカーのうち、どこからでもパスを受けることができます。ボールを受ける前に、自分が行きたい方向と逆に動いたり、止まった状態からスピードを上げたりして、ディフェンスと駆け引きをしましょう。シュートを打ち終わったら、どんどんローテーションしてスピード感を持って行います。

実際の動きを見てみよう

真ん中にオフェンスとディフェンスがいる。オフェンスが動きのフェイントをかける

ディフェンスのマークを外した瞬間、キッカーからパスを要求する

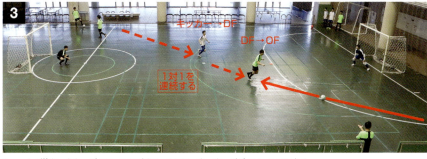

シュートが終わったら、ディフェンスがオフェンスに、キッカーがディフェンスになる

トレーニングの種類 アナリティック　グローバル　インテグラル

プレス回避からの定位置攻撃
4対2 エスカレーター　4

| 時間(目安) | 7～10分 | 人数 | OF4人+DF2人+GK | サイズ | 縦20m×横20m | 強度 | ■■■□□ 3 |

GKのスローからスタート。ディフェンスはGKにプレッシャーをかけて自由に通させないようにする。奥の選手にパスが入ったら、サイドの高い位置にいるフリーマンも含めた4対2で攻撃を仕掛ける。

ルール
- ディフェンスの位置はゴールから10mあたり
- オフェンスはハーフライン付近、コーナーの角付近に2人ずつ
- 攻撃が終わったらオフェンス2人は外に出る。ディフェンスがオフェンスに、奥のオフェンスがディフェスになる

Coaching Point

→ 2つの局面をトレーニング

GKからのスローのところは、プレス回避のイメージです。GKは1列目のディフェンスを超えて投げる、もしくは近くの選手の足元につけます。近くの選手の足元につけたら、ディフェンスはプレスをかけて奪いに行きます。ボールがハーフラインのところにいるオフェンスに通ったら、そこからは4対2の定位置攻撃のシーンに移行します。前方にいるピヴォを使いながら、フィニッシュに持って行くイメージです。

実際の動きを見てみよう

GKからスタート。ディフェンスはパスカットを狙う

スローが通ったら、ディフェンスはゴールを背にしてプレーする

オフェンスは4対2の数的優位の状況を活かしてフィニッシュへ

木暮賢一郎 Q&A

指導者のレベルを上げることが
日本フットサルを強くする——。
全国各地で指導者講習会を
積極的に行なっている木暮監督。
質疑応答コーナーでよく出る、
代表的な質問に答えてもらいます

木暮賢一郎 Q&A

最初に決めた時間配分は守ったほうがいい?

きっちりと守る必要はありません

　結論から言うと、最初に決めた時間配分をきっちりと守る必要はありません。20分と決めたら、うまくいっていても、うまくいかなくても20分やることにこだわる指導者もいますが、大切なのはトレーニングでどんな現象が起こっているのかを見ることです。

　意図した現象が早い段階で出ていたのであれば、むしろ早めに終わらせたほうが良いでしょう。逆に、うまく現象が出ていないのに、「もう時間になったから」と終わらせてしまうと、選手たちは消化不良になってしまう可能性もあります。

　意図した現象はちゃんと出ているのか、選手のモチベーションはどうなっているか、フィジカル的にどれほど負荷がかかっているか、といったことを監督が見て、決めた時間よりも早く終わるのか、あるいは伸ばすのかを変えることが必要になります。

　例えば、練習前に立てたプランでは5つメニューをやろうと思っていたとしても、トレーニングの状況によって予定していたメニューをカットすることはよくあります。最初に決めた通りにやるのが一番簡単ですが、トレーニングをこなすことで満足してしまってはチーム・選手のためになりません。

Q どんなタイミングで練習を止めますか？

A 練習の目的に沿った場面でしか止めません

　どこで練習を止めるのか？　は実はすごく大事です。いつ、どこで、どれぐらい止めるかによって練習の質が変わってくるからです。

　具体例を出しましょう。ピヴォ当てを習得するためのメニューを行っている時に、ピヴォに当てるタイミングがつかめず、何度もミスが出ている。そういう時は、練習を止めて、どうすればピヴォに当てられるかをコーチングします。

　ただ、練習の中ではピヴォ当て以外のところでのエラーというのも出てきます。しかし、フォーカスしたいところ以外の現象を修正するために止めてしまうと、この練習の目的が何なのかというのがぼやけてしまいます。練習の目的と違うところでのエラーに対しては、多少は目をつむることも必要です。

　また、練習を止めている間は、選手は動いていないのでフィジカルの強度が落ちてしまいます。練習中に止めるのは最低限にとどめて、インターバルの時にコーチングをするほうが強度は落ちません。

　また、練習を止めるのは悪いシーンが出た場合が多いですが、良いシーンで止めることもあります。「今のようなプレーをしよう」とお手本を示すことで、選手たちに目的を理解させるためです。

木暮賢一郎 Q&A

Q ルール設定やプレー制限をつけるタイミングは？

A 2通りのアプローチがあります

最初に決めたルール設定から、現象を見ながらアレンジを加えたり、ルール設定を変えたりするのも指導者には求められます。ルール設定やプレー制限を変えるタイミングですが、大きく分けて2通りのパターンがあります。

一つが、優しいところから、難しくしていくもの。最初はフリータッチで始めて、うまくいっていたら、3タッチ以内などのルール制限をつける。適度な負荷をかけることで、簡単になりすぎないようにするのが目的です。もう一つが、逆のパターンで難しいところから、優しくするというもの。3タッチ以内というルール制限で始めて、途中からフリータッチにする。ストレスをかけてあれば、自由になった時にも学んだことを出そうします。

初めてやるトレーニングの時には簡単にすることが多いです。最終的には狭いスペースの中でやりたい練習があったとしても、最初は広いスペースでやって、少しずつ狭くしていく。あるいは、指導者がイメージしていた現象が出なければ、2タッチでやっていたものを、フリータッチにして簡単にすることあります。15分のうち、5分間だけ難易度を下げて、それからもう1回上げるなど、柔軟な姿勢が必要です。

Q 週に1回しか練習できません

A 紅白戦を中心にメニューを組みます

どんなにやってみたい練習があっても、チームの状況とマッチしていなければ十分な効果は望めません。週に1回しか練習できないのであれば、たくさんのメニューを行うよりも、紅白戦を中心にしたほうが良いと思います。

紅白戦をやりながら、自分たちが次のゲームでやること、相手がやってくることを同時進行で確認するのが一番良いと思います。選手にとっても、週に1回の練習であればゲーム形式のほうがモチベーションは上がりますし、強度も高くなります。

試合の結果に直結するセットプレーも確認しておきたいポイントです。ただ、セットプレーはアナリティックな要素が強いので、長くやってしまうと練習の強度が落ちてしまいます。

ですので、紅白戦を「ボールが外に出たらコーナーキック、もしくは高い位置からのキックイン」というルール設定にすれば、強度を落とさずにセットプレーの回数を増やすことができます。

大事なのは指導者が次の試合の相手を分析して、どんなゲームになるのか、どんなところがポイントになるのかを確認しておくこと。そうすることで、限られた練習の質を高めることができます。

木暮賢一郎 Q&A

 # トレーニングのテンポが上がりません

 ## ピッチの中に入ってコーチングをしましょう

　指導者の関わり方によって改善することもできます。フットサルはピッチが狭いので、指導者がボールのあるところの近くにいられます。監督やコーチが練習メニューだけを与えて、外で黙って見ているのではなく、ピッチの中に入ってコーチングをしてみましょう。

　必ずしも、特別なアドバイスをする必要はありません。良いプレーが出れば「ナイス」、ボールへのアプローチが遅ければ「寄せろ」、そうしたシンプルな声掛けで十分です。そうやって、「一緒にトレーニングをしてくれている」と感じさせることで、テンポも上がるし、モチベーションも高くなります。

　例えば、ウォーミングアップのロンドは、日本人はどうしても遊びととらえがちです。普通にやっていると、ふわっとした空気になってしまう。でも、指導者が「寄せろ」「もっと速く」と声をかけてあげることで、練習の強度が上がるし、狙っていた現象が出てきます。

　メニューを考えるだけが指導者の仕事ではありません。空気作り、雰囲気作りといったことも含めて、練習をオーガナイズしていくことが必要です。指導者が情熱的に取り組めば、それは選手にも伝わるはずです。

オリジナルのメニューが思い浮かびません

他の競技からもヒントを探しましょう

必ずしも、オリジナルのメニューをやらなければいけないというわけではありません。ただ、新しいメニューを考えようとする探究心は指導者にとって必要なものだと思います。

僕は自分のチームのトレーニングの映像は全て録画しているので、それを見ながら「こういうルールを付け加えよう」「この人数にしたらどうなるかな」と考えることが多いです。

今は、インターネットで練習の動画がたくさんアップされているから、そうしたものからヒントを得ることも多いです。

フットサルだけでなく、バスケットボールやハンドボールの本や映像を見ることもあります。大事なのは自分のチームの課題、プレーモデルをちゃんと考えること。それを飛ばしてしまうとうまくいきません。

オリジナルのメニューは他の人がやっていないわけですから、どんな現象が起こるかは読めません。うまくいかないこともあるでしょう。大事なのは、うまくいかなかった時に、どういう姿勢を見せるか。選手のせいにするのではなく、素直に謝りましょう。指導者と選手の信頼関係があってこそ、練習はうまくいくのですから。

木暮賢一郎 Q&A

Q 良い選手じゃなくても良い指導者になれますか？

A 選手経験は必須ではありません

はい、なれます。情熱的であって、フットサルへの探究心があって、リーダーシップがあるのが、良い指導者の条件だと思います。そうした資質みたいなところは、代表選手だったから持っているというわけではありません。

僕自身は日本代表やスペインリーグでプレーしてきた経験があるので、それは一つのアドバンテージであることは間違いありません。だからといって、「自分は元代表だから」とキャリアにあぐらをかいてはいないつもりです。フットサルというスポーツは常に進化をしていますし、指導者は常に勉強をしなければいけません。たくさん戦術を知っているから、たくさんメニューを知っているから、良い指導者になれるわけではありません。グループをどう束ねるのか、モチベーションを高めていくか、そうしたマネジメント能力も必要です。

もしも、自信がないところがあるのなら、思い切って他の人に任せてしまうのも一つの選択肢です。監督が1人で全てを決めるのではなく、チーム全体を見る人間と、戦術的なことを担当する人間、フィジカルを担当する人間で分業制にする。チームを強くするために何がベストなのかを考えましょう。

Epilogue

フットサルとの最初の出会いは、26年前の第1回全国ミニサッカー大会でした。その次の出会いは20年前、高校を卒業したタイミング。まだリーグもなければ室内での大会もほぼなく、唯一のオフィシャルの大会が全日本フットサル選手権でした。

最初に始めたチームには監督がいなかったので、自分たちでブラジルのビデオを見て動き方や戦術を真似する以外に上達する道はありませんでした。作戦ボードもなかったので、たくさんの紙を丸めたものを選手に見立てて、何時間も仲間と話し合ったのは今でも忘れられません。

何よりも、ここでは書ききれないほどの当時の選手たちとの時間が、私のフットサルに対する情熱の源であることは間違いありません。

その後、日本代表とスペインで本物の監督たちと出会い、選手として成長することができました。特に私をスペインへ導いてくれたフェデ・ビダルという現スペインフットサル代表コーチがいなければ、今の私の監督としての取り組む姿勢・情熱を築くことはできなかったと思います。

もちろん、シュライカー大阪のフロント・選手・GKコーチ・フィジカルコーチ・トレーナー・サポーターの存在なくして、チームを優勝へ導くことはできませんでした。

最後に、フットサルというまだまだ歴史の浅いスポーツにおいて、現在そして未来に向けて指導者の存在は必要不可欠です。この本が少しでも指導者の方々の役に立ち、日本のフットサル界の発展につながることを願っています。

2017年11月
木暮賢一郎

著者紹介
木暮賢一郎 (こぐれ・けんいちろう)

1979年11月11日生まれ、神奈川県出身。大学生のときにフットサル日本代表に選ばれる。ファイルフォックスで数々のタイトルを獲得し、2005年からはスペインリーグでプレー。08年、Fリーグ・名古屋オーシャンズに移籍し、Fリーグ4回の優勝を含む9つのタイトルを獲得。日本代表としては04、08、12年とFIFAフットサルワールドカップに3大会連続出場、12年大会ではキャプテンとして決勝トーナメント進出（ベスト16）を果たす。AFCフットサル選手権は10大会に出場して優勝2回、準優勝5回。05、06年にAFCフットサル選手権MVP、06年にAFC年間最優秀フットサル選手賞。12年に引退後は指導者の道に進み、FリーグU-23選抜監督を経て、14年よりシュライカー大阪の監督に就任。3年目となる16-17シーズン、9連覇中だった名古屋を抑えて大阪をFリーグ優勝に導く。16年4月に行われた3カ国対抗戦で日本代表監督を務める。限られた戦力・時間・場所で最大限のパフォーマンスを引き出す「トレーニングデザイン」のメソッドに大きな注目が集まっている。グローバルアスリートプロジェクトアンバサダー。

木暮賢一郎オンラインサロン
「日本フットサルが世界で勝つために」
木暮賢一郎が考えるフットサル理論や練習方法、トレーニング方法、監督論など、ここでしか見れないコンテンツを配信中。
https://lounge.dmm.com/detail/225/

取材協力
シュライカー大阪

2002年にMAG'S FUTSAL CLUBとして発足し、03年から07年まで関西リーグ4連覇を果たし、「関西の王者」として君臨する。07年、Fリーグ参入に伴い、シュライカー大阪と改称。08、09年、大洋薬品オーシャンアリーナカップで連覇を達成。14-15シーズンより木暮賢一郎監督を招聘。3年目となる16-17シーズンはレギュラーシーズンの勝ち点で9年間連続1位だった名古屋オーシャンズを初めて上回り、年間1位を獲得。プレーオフではペスカドーラ町田を下してFリーグ王者になった。
公式サイト　http://shriker.osaka.jp

撮影協力
多摩大学体育会フットサル部

2012年4月に多摩大学として初めての体育会として、元フットサル日本代表の福角有紘監督を招いて設立される。14年、東京都大学フットサルリーグ優勝を皮切りに、15年に関東大学プレリーグ準優勝、15年、16年と全日本大学フットサル大会3位。大学日本一を目指し、精力的にチーム強化に取り組んでいる。
公式サイト　http://www.tama.ac.jp/futsal/

STAFF

構成	北健一郎
写真	高橋学
デザイン	坂井図案室
協力	田中隆祐（株式会社 BRIDGEs）
取材協力	シュライカー大阪
撮影協力	多摩大学／多摩大学体育会フットサル部
衣装協力	プーマジャパン株式会社

限られた戦力・時間・場所で最大限のパフォーマンスを引き出す

フットサル戦術 トレーニングデザイン
～Fリーグ優勝チームが実践する勝利のメソッド～

NDC783

2017年11月26日　発　行

著　者	木暮賢一郎
発行者	小川雄一
発行所	株式会社 誠文堂新光社
	〒113-0033　東京都文京区本郷3-3-11
	[編集] 電話 03-5800-3614
	[営業] 電話 03-5800-5780
	http://www.seibundo-shinkosha.net/
印刷所	広研印刷　株式会社
製本所	和光堂　株式会社

ⓒ2017, Kenichiro Kogure.
Printed in Japan

万一落丁、乱丁本は、お取り替えいたします。本書掲載記事の無断転用を禁じます。また、本書に掲載された記事の著作権は著者に帰属します。これらを無断で使用し、展示・販売・レンタル・講習会等を行うことを禁じます。

本書のコピー、スキャン、デジタル化等の無断複製は、著作権法上での例外を除き、禁じられています。本書を代行業者等の第三者に依頼してスキャンやデジタル化することは、たとえ個人や家庭内での利用であっても、著作権法上認められません。

JCOPY ＜(社)出版者著作権管理機構 委託出版物＞

本書を無断で複製複写(コピー)することは、著作権法上での例外を除き、禁じられています。本書をコピーされる場合は、そのつど事前に、(社)出版者著作権管理機構(電話 03-3513-6969／FAX 03-3513-6979／e-mail:info@jcopy.or.jp)の許諾を得てください。

ISBN978-4-416-61772-4